販売士検定・実務に役立つ
販売流通管理の体系

JN024440

鈴 木 邦 成
若 林 敬 造

共編著

開文社出版

はじめに

　流通とは「モノをつくること」と「物を使うこと」をつなぐ経済活動のことである。工場などでつくられたモノを私たちがすぐに消費することはできない。市場や問屋、小売店などを経由して私たちの手元に届く。専門的にいうと、生産活動と消費活動を結ぶ一連の諸活動を流通といっている。卸売業や小売業が中心になって行う輸送、保管、商取引などが流通である。またメーカーなどのモノをつくる側も「どのような流通ルートでモノを売っていくか」ということを念頭に商品を開発し、価格を設定していくことになる。

　販売とは、主として小売業の店舗で商品が小売業から最終消費者に商取引により所有権の移転が行われる一連のプロセスを指す。

　本書は販売流通のしくみと体系をマネジメント工学系、経営工学系、経営学部系、商学部系などの理系並びに文系の学部学生が理解できるように演習問題を組み込んで構成されている。販売流通の分野において大学生に必要とされる基本知識をまとめた。

　生産と消費を結ぶ流通というビジネスフィールドの重要性は現代の企業経営や経済活動のなかでますます重要度を高めている。

　本書は第1章「小売販売の原則」、第2章「店舗出店戦略」、第3章「ストアマネジメントの実践」、第4章「商品陳列・棚割管理の実務知識」、第5章「販売効率の分析」、第6章「店舗経営分析」第7章「消費者購買行動の分析」第8章「仕入・調達」第9章「小売業の価格戦略」第10章「小売業の販売促進／広告・広報」、第11章「販売員管理」、第12章「小売業の情報管理」、第13章「小売業の業態研究1」、第14章「小売業の業態研究2」、第15章「卸売業の業態研究」の全15章から構成されている。

本書を学習し、販売流通の基本体系を修得することは、販売士検定試験（3級、2級、1級）の試験対策としても効果を発揮すると考えられる。あわせて当該試験問題集などを解いてみることで理解が深まるはずである。

　本書を活用することで、学生は販売流通管理のエッセンスを短時間で効率的に学修し、ビジネス並びにマネジメント工学への興味を高めつつ、ビジネス知識を習得していくことが可能になる。

　本書を通じて、大学で学ぶべき販売流通管理の基本体系を修得し、学生諸氏が次のより高いステップに上がることを著者一同願っている。

著者一同

（執筆担当：鈴木　邦成）

目　次

第 1 章

小売販売の原則

販売とは

主として、流通業（卸売業、小売業）が店舗や消費者を対象に営業行為を行い、商品を売る活動。なお、販売を主たる事業とする業態を「販売業」という。

小売業とは

メーカー、卸売業から仕入れた商品を、最終消費者に販売する事業者。小売業には物販（物品販売）と外食産業に大別される。

小売業の特徴

① 出店立地

小売業は立地により、その特性が大きく変化する。たとえば、駅ナカ、デパ地下などはその出店立地がそのまま、ビジネスモデルとなっているケースである。

② 出店形態

小売業の出店は町づくりにも大きく関係してくる。たとえば、スーパーマーケット、百貨店、商店街、ショッピングモール、アウトレットモールなどが構築する商圏が街並みや地域活性化に影響したり、小売施設が地域のランドマークとして機能したりすることが多い。

③ 経営形態

小規模な個人商店であるか、フランチャイズであるか、あるいはチェーンストアであるか、といった経営形態により、小売業の性質や特性

が異なってくる。したがって、経営形態に合わせて販売戦略を展開しなければならない。

④ **価格戦略**

小売業は業態ごとに販売する商品の価格帯が異なる。その典型的な例が「100円ショップ」で、100円で商品を売ることをそのビジネスモデルの最大の特徴としている。消費者は「デパートだからこの商品はXXXX円で売っているだろう」とか、「スーパーマーケットだから安いはずだ」といったように業態から小売店の販売価格帯を予測する。

⑤ **広告・広報機能**

小売店の運営する店舗にはその店舗自体に広告・広報機能が備わっている。たとえば、百貨店の店頭を見ることで人気商品や売れ筋商品が何であるかを消費者は理解することができるし、セールを組まれる時期や新商品の入荷時期を知ることもできる。これは実店舗のみならずネット上のバーチャル店舗においても、同様で、ネット通販のサイト訪問者は、商品を購買するだけに留まらず、さまざまな関連情報を当該サイトから入手できるのである。

⑥ **商品開発**

小売業がその知名度を生かし、自社ブランド（プライベートブランド）により、メーカーなどと組んで商品開発を行うこともある。さらには商品の開発、生産、販売までのサプライチェーンを一元管理する「製造小売」と呼ばれる業態もある。

小売業の機能

小売業の最大の役割は、最終消費者に販売することである。そしてその主要機能に付随するかたちで、小売業には多くの機能、役割がある。

すなわち商品の品ぞろえ・陳列などを含む買い物環境の整備、小売価格の値付け、配達、広告・宣伝、顧客の情報管理・市場調査などが小売業の一連の機能である。

商品の品ぞろえを明確にすることによって消費者は、その店で「何を買うべきか」「何が売られているか」がはっきりとわかる。さらにいえば品ぞろえや店舗レイアウトを買い物客の視点から戦略的に行う傾向も強くなってきている。

　品ぞろえを充実させることによって小売店には集客力がつく。たとえば、青果商ならば野菜や果物を、電気店ならばテレビ、洗濯機、冷蔵庫などを店頭にそろえる必要があるわけである。

　同時に品ぞろえにあわせて在庫の調整も行わなければならない。人気商品の発注を増やしたり、不人気商品の仕入をやめたり、返品を行ったりするのである。

　買い物客が商品を選びやすいように、店内外の環境を整備する必要もある。店の内装や外装をきれいにしたり、商品を見やすく配置したりする必要もある。ストアデザインの良し悪しが店舗の売り上げに大きく影響する。

　チラシやポスター、あるいはテレビ広告などのセールスプロモーションを行い、消費者にどのような商品が、どのような価格で売られているかということを知らせることも重要である。買い物客が容易に運べない重量のある商品、あるいは商品を多数購買したために持ち運べないような場合には、小売店が自ら配達の手段を用意する必要性が出てくることもある。

POINT　小売業の諸機能 ▶▶▶▶▶

① マーチャンダイジング機能

　消費者のニーズがある商品をタイムリーに販売できるように、メーカー、卸売業から商品のラインナップを充実させつつ組み合わせて、仕入れる。

② 商圏構築機能

消費者が広域にわたって商品を購買できるように販売網を整備して、それぞれの商圏で消費者が多様な商品を購買できるようにする。

③ 在庫調整機能

消費者が店舗でほしい商品を探し出して購買できるように、店頭、バックヤードに相当量の在庫を持ち、消費者が小分け購買するのを可能にする。

④ 商品情報提供機能

需要にあわせて、商品情報を提供することで消費者の購買意欲を刺激する。

⑤ 品質管理機能

店舗納入される商品の品質を入荷検品などでチェックし、商品の品質に問題がある場合には消費者の便宜を図り、返品、交換などを行う。

⑥ アメニティ機能

小売店の存在が地域活性化に結びついたり、消費者に購買したりするだけではなく、その店を訪れる楽しみを提供する。

ハフモデル

ある店舗に消費者（買物客）がどの程度、集客できるかということを近隣の他店との競合状況の売場面積、店舗間の距離から判断する。

米国の経営学者デビッド・ハフにより開発された計算式によって小売商圏を測定するモデルで、「消費者の買物行動における店舗などの選択の確率は、店舗の品揃え量に比例し、居住地から店舗までの距離に反比例する」という考え方である。すなわち店舗の面積が広ければ広いほど消費者は店舗にひきつけられるが、遠くなればそれだけ吸引力は低下するのである。

ハフモデルは大規模小売店舗法において、大型店出店が近隣商店街に及ぼす影響を算出する場合にも使われるなど一般的に利用されてきた。

ハフモデル計算式は式 (1) のようになる。

$$P_{ij} = \frac{(\dfrac{S_j}{D_{ij}^{\lambda}})}{(\displaystyle\sum_{j=1}^{n} \dfrac{S_j}{D_{ij}^{\lambda}})} \qquad (1)$$

P_{ij} : 買物出向比率（i 地点の消費者から商業集積地 j に買物に行く確率）

S_j : 商業集積 j の売場面積

D_{ij} : i 地点から商業集積 j までの距離（時間距離の場合もある）

λ : 距離の抵抗係数

Σ : 各数値の和を取る記号

例題

　商業施設 A は 500m^2、商業施設 B は 150m^2、C 町から商業施設 A まで 2km、商業施設 B まで 1km とすると、C 町に住んでいる住民（消費者：5000 人）のうち、どれくらいの人数が A 施設を選択する集客すると考えられるか。

解答例

$125 \div 275$

$$P_{ij} = \frac{\dfrac{500}{2^2}}{\dfrac{500}{2^2} + \dfrac{150}{1^2}} = 0.4545.....$$

$5000 \times 0.4545 = 2272.5$ 人　　　2273 人の集客が見込める。

　ショッピングセンター D は 3000m^2、ショッピングモール E は 1000m^2、F 市からショッピングセンター D まで 1km、ショッピングモール E まで 0.3km とすると、F 市の 5 万人の消費者がショッピングセンター D、及びショッピングモール E のそれぞれを選択する確率、及びそれぞれの予想される集客数を求めよ。

演習問題

【大規模小売店舗立地法】

【設問1】
正しいものには「適」、そうでないものには「不適」を選びなさい。

問1：大規模店舗とは、その建物内の店舗面積（小売業を行うための店舗の用に供される床面積）の合計が1,000m²を超える店舗である。

（適・不適）

問2：大規模小売店舗立地法は、大規模小売店舗の立地に関し、その周辺の地域の生活環境の保持のため、大規模小売店舗を設置する者によりその施設の配置及び運営方法について適正な配慮がなされることを確保することにより、小売業の健全な発達を図り、もって国民経済及び地域社会の健全な発展並びに国民生活の向上に寄与することを目的とする。

（適・不適）

問3：「生活環境の保持」とは、具体的には、大規模小売店舗の運営に際して生じる交通渋滞、交通安全、騒音等の問題に適正な対処がなされることにより、当該大規模小売店舗の周辺の地域において通常存することが期待される環境が保持されることを意味する。　（適・不適）

問4：「店舗面積」とは、小売業（飲食店業を除くものとし、物品加工修理業を含む。以下同じ。）を行うための店舗の用に供される敷地面積をいう。

（適・不適）

問5：「小売業を行う」とは、物品を継続反復して消費者に販売する行為がその業務の主たる部分を占めるものをいう。　　　（適・不適）

問6：カタログコーナー等直接物品を展示していない場合であっても、その場所で実質的に販売契約が締結されている場合は、小売業を行うものと解される。　　　（適・不適）

問7：飲食店業における持ち帰り品の販売、旅行斡旋業における時刻表等の販売等、サービス提供事業における物品の販売は、その販売が、客観的にみて当該サービス提供事業の付随的な業務と認められる場合は、小売業を行っていることと見なされる。　　　（適・不適）

問8：会員制販売であっても、最終消費者への販売行為と認められる場合には、小売業を行うものと解される。　　　（適・不適）

問9：大規模店舗設置者は、届出後2か月以内に、周辺地域の住民等を対象にして、店舗計画についての説明会を開催しなければならない。　　　（適・不適）

問10：都道府県が大規模店舗立地法を運用するにあたって必要に応じて関係地方公共団体や関係行政機関に対して協力を求めることはできない。　　　（適・不適）

第2章

店舗出店戦略

出店戦略の構築

　小売業のビジネスの成否において、店舗をどの地域にどのように構え、いかに商品を販売していくかということはきわめて重要な戦略となる。小売業は出店にあたって、立地選定・調査、商圏分析、販売予測を段階的に行い、販売ネットワークを構築していくことになる。

　出店にあたってはまず立地の選定及び調査を行う。店舗の立地タイプは次のように分類できる。

① 都市型店舗

　買物客の多くが徒歩により来店するタイプの店舗。駅前商店街などに店を構えるケースが多い。都心部の駅から徒歩で 10 分以内程度の距離にある百貨店、専門店などが該当する。都市型店舗の場合、都心部の駅へのアクセスに売上高が大きく左右される傾向がある。来店数は多くなるが客単価は比較的、低い店も多い。

② 郊外型店舗

　郊外に広がる相当規模の商圏に自動車、バス、モノレールなどでアクセスする店舗もあるが、多くの郊外型店舗には巨大駐車場などが設けられており、そこへの自動車でのアクセスが原則となっている。一例をあげると、御殿場プレミアム・アウトレットは自動車、バス、あるいはマイカーでの来店が原則となっている。郊外型店舗では都心型店舗に比べ、客単価が高い、大型商品の売れ行きがよいといった特徴があげられる。

③ 施設内店舗（インストア店舗）

たとえば、百貨店の「デパ地下」、ショッピングセンター内の出店に加え、遊園地、遊戯場などの娯楽施設内の出店もこのタイプの店舗である。来客数の予測がしやすい、一定数の来店者が常時確保できる、といったメリットがあるが、反面、売れ筋商品や定番商品が施設の性質・特性に左右されるといった特徴がある。

事例研究 ① ウォルマート ▶▶▶▶▶

米国の郊外型店舗の代表例として世界最大の流通業、ウォルマート・ストアーズをあげることができる。

ウォルマートの出店戦略は地方の小都市、あるいは郊外を軸に回転してきた。ウォルマートが力を入れてきた食品、衣料、ノンフーズ（非食品分野）を全方位的にカバーするまとめ買いを実現する「ワンストップショッピングセンター」が威力を発揮するのは駐車場の確保なども容易な小都市や郊外である。ローコストで大規模の店舗を消費者に提供することで顧客満足を実現してきたわけである。

しかし面白いことにその郊外型店舗主体のウォルマートが日本で傘下に組み込んだ西友は、西友は伝統的に大都市あるいはその周辺をメーンターゲットとする戦略を展開してきたからだ。イオンなどに比べ、首都圏でのシェアも高い。人口構成が大都市集中型の日本のようなマーケットではこれは必然の選択でもあった。

日本の場合、米国とは異なり地方から大都市圏への人口流入が続いている。それに合わせて西友でも大都市の駅前、繁華街などに出店する戦略がとられたのである。

ウォルマートが大きく台頭した時期は、米国の大消費地が大都市から小都市、郊外への転換を遂げた時期とほぼ重なる。

日本のような大都市に生活圏が集中している国では、小都市重視のウ

ォルマートの出店戦略も大きな見直しを迫られることになったのであった。

事例研究　② ターミナル百貨店 ▶▶▶▶▶

　第一次世界大戦後には阪急百貨店、東急百貨店などの私鉄のターミナルに電鉄系の百貨店（ターミナル百貨店）が相次いで完成した。ターミナル百貨店の開店には、郊外と都心を結ぶ鉄道網を整備し、その終着駅に私鉄各社が経営する百貨店を建設することで、庶民の関心を鉄道の乗車に向けるという狙いがあった。百貨店には必然的に庶民の消費意欲を掻き立てることが望まれることになった。第一次世界大戦後に相次いで誕生したターミナル百貨店により庶民の関心が百貨店に向かうことになった。そして百貨店もそれまでの高級品中心の品揃えから大衆を意識した商品を多く取り扱うようになっていった。

用語解説：ターミナル百貨店

　日本で独自に発達した百貨店の形態。百貨店の草創期に登場した三越などの呉服店系の百貨店は高級感を売り物としていたが、ターミナル百貨店の経営母体となったのは鉄道会社であった。自社のターミナル駅に乗客を集めるランドマークと百貨店を位置付け、高級感よりも大衆性を前面に押し出した。

顧客誘導施設から店舗への動線

　都市部であれ、郊外であれ、買物客が来店するには大きな動機付けが必要になる。単純に考えれば買物客は「ある商品を必要とし、あるいはほしいと感じ、当該店舗を訪れる」ということになる。たとえば、アパレル商品を必要とすればアパレル店舗、百貨店などに足を運び、家電製品がほしければ家電量販店などに足を運ぶことになる。しかし、それでは「家電製品を買うのにどこで購買すればよいか」ということになると、

買物客には多くの選択肢が存在することになる。近所での購買、通勤途中の駅前での購買、どこかへ遊びに出掛けたついでの購買、あるいはネット購買など、さまざまなケースが考えられる。そしてそうした状況別に分類できるさまざまな購買機会のうち、もっとも強く動機付けされた状況で購買することになる。そのときに買物客の購買活動に大きな影響を与える動因の1つに顧客誘導施設から店舗への動線があげられる。

たとえば、「駅前から商店街をまっすぐ進めば大型家電量販店がある」といった場合、買物客はそこでの購入を決定しやすくなる。この場合、駅を「顧客誘導施設」、「商店街をまっすぐ進みたどり着く」というのが動線となる。

顧客誘導施設はそれ自体が大きかったり、珍しかったり、訪問者が多かったりすることで顧客吸引力が高まる。スカイツリーができたことで周辺商店街などがにぎわったのは、この理論からである。

1996年に新宿南口に高島屋が出店したことでそれまで新宿駅からは「少々歩くことになる」と考えられていた伊勢丹にも来客が増えたケースでは高島屋が顧客誘導施設となり、伊勢丹の来客を促進したケースであり、「百貨店の顧客誘導施設が百貨店である」というケースである。一見、珍しいようにも思えるが、銀座、新宿西口、渋谷なども同様の事例である。また「神田の古本屋街」は同業の古書店どうしが古書店の顧客誘導施設となっている例である。

ライリーモデル（小売吸引力の法則）

「ある地域から2つの地域に流れる購買力の比は、両地域の人口に比例し、その地域から両地域の距離の2乗に反比例する」というモデルである。ある地域（C町）の購買力が競合する2つの商業集積（A、B）に流出する割合、あるいは競合する2つの商業集積（A、B）の商圏境界を計算で求める時に用いる。（経済産業省の資料より）

$$\frac{Ba}{Bb} = \left(\frac{Sa}{Sb}\right) \times \left(\frac{Db}{Da}\right)^2$$

Ba： A商業集積が中間のC町から吸引する割合

Bb： B商業集積が中間のC町から吸引する割合

Sa： A商業集積の売場面積

Sb： B商業集積の売場面積

Da： C町からA商業集積までの距離

Db： C町からB商業集積までの距離

コンバースは2つの商業集積地間の人口格差が15倍〜20倍に及ぶ、差の大きいケースについては、2乗ではなく、3乗とすることを提案している。

例 題

A町の人口1000人、B町の人口500人、その中間にあるC町（人口：1万人）から、A, B両町までの距離は、A市まで10km、B市まで5kmである。C町の住民の購買力が週当たり3000円／人とした場合、C町からA、B各都市が吸引する販売額はいくらか。

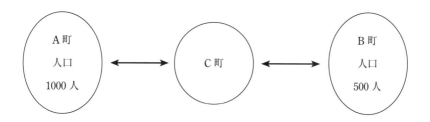

A 町と C 町の距離が 10km、人口が 1000 人。B 町は 5km 離れていて、人口が 500 人であるので、

$$\frac{1000}{500} \times \left(\frac{5km}{10km}\right)^2 = \frac{1}{2}$$

これは、A 町へは、1、B 町には 2 の比率ということを意味する。
C 町住民の購買力は、3000（円／人）× 10000（人）＝ 3000 万円
したがって、A 町が吸引する販売額は 1000 万円、B 町が吸引する販売額は 2000 万円

D 町の人口 2 万人、F 町の人口 5000 人、その中間にある E 町（人口：5 万人）から、D、F 両町までの距離は、D 町まで 15km、F 町まで 10km である。F 町の住民の購買力が週当たり 8000 円／人とした場合、E 町から D、F 町が吸引すると考えられる販売総額はいくらか。

演習問題

【設問1】

正しいものには「適」、そうでないものには「不適」を選びなさい。

【都市計画法】

問1：都市計画法は、都市計画の内容及びその決定手続、都市計画制限、都市計画事業その他都市計画に関し必要な事項を定めることにより、都市の健全な発展と秩序ある整備を図り、もつて国土の均衡ある発展と公共の福祉の増進に寄与することを目的とする。　　　（適・不適）

問2：都市計画区域について定められる都市計画（第十一条第一項後段の規定により都市計画区域外において定められる都市施設（以下「区域外都市施設」という。）に関するものを含む。）は、当該都市計画区域の整備、開発及び保全の方針に即したものでなければならない。

（適・不適）

問3：近隣商業地域は、必ずしも近隣の住宅地の住民に対する日用品の供給を行うことを主たる内容とする商業その他の業務の利便を増進するため定める地域とする必要はない。　　　（適・不適）

問4：現に土地の利用状況が著しく変化しつつあり、又は著しく変化することが確実であると見込まれる土地の区域については、劇場、店舗、飲食店その他これらに類する用途に供する大規模な建築物（以下「特定大規模建築物」という。）の整備による商業その他の業務の利便の増進を図るため、一体的かつ総合的な市街地の開発整備を実施すべ

き区域（以下「開発整備促進区」という。）を都市計画に定めること
ができる。 （適・不適）

問5：都市計画区域は、市街化区域のことである。 （適・不適）

【中心市街地活性化法】

問6：中心市街地活性化法の目的は、少子高齢化、消費生活等の状況変
化に対応して、中心市街地における都市機能の増進及び経済活力の向
上を総合的かつ一体的に推進することにより、地域の振興及び秩序あ
る整備を図り、国民生活の改善及び国民経済の健全な発展に寄与する
ことである。 （適・不適）

問7：中心市街地活性化法の基本理念は、快適で魅力ある生活環境の形
成、都市機能の集積、模範的な企業活動の促進を基本とし、地域の関
係者が主体的に取組み、それに対し国が集中的かつ効果的に支援を行
うことである。 （適・不適）

問題8：地方公共団体は、第三条の基本理念にのっとり、地域における
地理的及び自然的特性、文化的所産並びに経済的環境の変化を踏まえ
つつ、国の施策と相まって、効果的に中心市街地の活性化を推進する
よう所要の施策を策定し、及び実施する責務を有する。 （適・不適）

第**3**章

ストアマネジメントの実践

ストアマネジメントにおける計数の活用

　各店舗の売上高を把握し、分析するためには、計数管理はきわめて重要である。

　まず、どれくらいの売上高を達成するのか、どれくらいの利益を得るようにするのかについて目標をしっかり立てるようにする。

　加えていうならばその目標には論理的な根拠があることが求められる。

　たとえば、「毎日、○○人のお客が来て、そのうち××人のお客さんが、△△円だけ商品を買っていくとすると、月次ベースでは、だいたいこれくらいの売上高となるはずだ」といったように販売予測を行う。そしてそのためには現状をしっかり把握し、さまざまな数値を分析し、計数管理を綿密に行う必要がある。

　販売における計数管理のポイントは売上高と粗利益高をしっかりつかむことから始めるとよい。販売の成果をもっとも如実に表すのは売上高である。「どれくらい売れているのか」ということを明らかにしている。

　ただし、「たんに売上高が増えればよい」というわけではない。すなわち売上が利益に直結するかたちになっていなければ、「売上高は増えたものの赤字になってしまった」ということになりかねない。

　そこで重要になってくるのが粗利益である。粗利益とは売上原価から仕入原価を引いた、文字通り大ざっぱな利益を指す。売上高に対して粗利益高が多ければ、それだけ「効率的に販売できている」ということになる。

顧客行動に関する計数

　顧客の行動を示す計数を理解することも重要になる。

　たとえば、具体的に買物客が店舗内でどれくらいの割合で商品を購入したかを示す買上率、1人当たりどれくらいの金額を使ったかを示す客単価、商品を複数買ったかどうかを示すセット率などの計数が大切になる。

　もちろん、買物客と同様に店側の対応も重要になる。1時間当たりどれくらい商品を売っているのか、売上高に対して人件費はどれくらいかかっているのか、バーゲンセールではなく、定価でどれくらい売れているのかなどを把握しておく必要がある。さらにいえば、チラシなどの効果についても把握しておく必要もある。

　リアル店舗だけでなく、ネット販売についても計数管理を行う必要がある。ネットで使われるバナー広告からのホームページの誘導がどれくらい効果があるのか、ホームページの訪問が実際に商品の購入に結びついているのか、といったことにも注意を払う必要がある。ネット販売においては、バナー広告の出し方やホームページの巧拙が売れ行きに大きく影響する。したがって、その点を十分にふまえつつ計数管理をしっかり行うことで、販売実績を高めていくことが可能になるのである。販売における計数を細かく分析することにより、「自社の販売戦略のどこに弱みがあるのか、またその弱みを克服するにはどのような点に気をつければよいのか」ということもわかってくる。

値入率

算出式：　値入率（％）＝（販売価格－仕入原価）÷仕入原価×100

　小売店などが仕入れた商品に利益を加えて販売価格を決定することを「値入」（ねいれ）という。一般にスーパーマーケットなどでは値入率は20～30％といわれている。ただし、大手スーパーマーケットなどでは

20％を切ることもある。

　値入率は、販売価格のなかに利益がどれだけあるかを示す計数で、きわめて重要である。仕入れた商品を定価で売れば、値入高がイコール、粗利益高となる。値入率を高く設定すれば、それだけ粗利益も増えることになるが、薄利多売型商品などで売上を大きく伸ばそうと考える場合、値入率を極力、抑えることもある。

表3-1：値入率と粗利益率の比較対照表

	算出式	性質	計数の活用
値入率	値入率 (%) ＝（販売価格－仕入原価）÷仕入原価×100	仕入原価が当初見込んでいた売買利益高に占める割合	当該商品がどれくらいの利益が見込めるかを仕入段階で判断するための計数
粗利益率	粗利益率＝粗利益÷売上高×100	粗利益率は仕入原価が実際の売上高に占める割合	当該商品がどれくらいの利益を得ることができたかを判断するための計数

商品ロス率

計算式：　商品ロス率（％）＝ロス高÷売上高（実績）×100

　商品ロス率を出すことにより売上高に占めるロス高の割合がわかる。商品ロス率が高いということは仕入の際の販売計画通りに商品が売れていないということを意味する。したがって商品ロス率が高い場合は販売予測を見直す必要が出てくる。

　ロスとは、仕入の際に予定していた売値と実際の売上高との差額を意味する。ロスの原因はさまざまである。

　商品の売れ行きが悪く、定価では売れず、バーゲンなどを行う必要が生じた場合、仕入の際の予定売値とは異なる売上高となる。これを値下

げロスと呼んでいる。さらに値下げをしても売れない場合、商品を廃棄することがある。そうして発生したロスを廃棄ロスという。

このほかにロスの理由が不明であるが、何らかの損失が発生しているケースもある。

たとえば、棚卸の際に帳簿と数字が発生しないことで生じる棚卸ロス、あるいは帳簿ロス、レジの打ち間違いや万引きなどにより生じた場合に理由が不明のロスが発生する。

ただし、ロスは自然に発生するものではありません。「ロスが発生するのは当たり前」という考え方は絶対にすべきではない。ロス率が高ければその理由を究明し、改善策を打ち出し、ロス率を下げる努力が必要である。

粗利益高

売上高に対する粗利益の比率。粗利益率を把握することで売上高がどれくらい伸びれば粗利益がどれくらいになるかを把握できる。

損益計算書（P/L）には、売上高、売上原価、粗利（売上総利益）の順番に記載されている。販売管理費、人件費などは粗利から引かれることになるので、可能な限り粗利を大きくすることで利益を確保するようにする。したがって、商品、サービスの粗利率を高めることが大切になる。

セット販売率（セット率、あるいは関連率）

計算式：　セット販売率＝（買上総点数）÷（買上回数、あるは買上客数、またはレシート数）

セット販売率とは、1回の商品買上でどれくらいの数の商品を購入するかを表す計数である。アパレル小売業界などを中心に使われている。セット販売率を上げることは客単価を上げることにつながる。効率的な販売活動を行うにあたってセット販売率の向上は欠かせない。

セット販売率を高めるためには、戦略的な商品構成を推進する必要が
ある。

　たとえば、ジャケットを販売している場合、そのジャケットに合わせ
たネクタイ、ワイシャツ、パンツ、さらにはネクタイピン、カフスボタ
ン、バッグ、シューズなどをそろえることによって、買物客に同時購入
のメリットと魅力をアピールするのである。

　もちろん、単純に商品ラインナップを充実させるだけでなく、販売員
が関連商品を購入するメリットを機に応じて提案する必要もある。セッ
トで購入する場合、価格面で割引を行うことも買物客に複数点の商品を
購入させるうえで効果的である。

　また、買物客は購入するのが面倒な商品を1点購入するとセット購入
する傾向がある。

　たとえば、高額なジャケットは気に入ったものがなければなかなか購
入しない。しかし、いったん気に入ったジャケットが見つかれば、それ
にあわせてネクタイ、ワイシャツもほしくなるのである。

客単価

計算式：　客単価（円）＝売上高（円）÷購入客数（人）

　客単価とは、店舗で購入客1人当たり、どれくらいの売上高があった
かを示す計数である。1人当たりの商品購入額が多くなれば、店側とし
てはそれだけ売上高も伸びることになる。ただし、高額商品を単純に増
やすだけでは客単価は伸びない。商品の価格が高額ならば購入客数はそ
れに反比例して減少する恐れがあるからである。

　そこでレギュラー版の商品に加え、そのデラックス版、ハイグレード
版などを用意して、高級志向の顧客にアピールするという方法が考えら
れる。「価格が少しくらい高くても、他人と違う商品がほしい」という
人が一定数いることに着目するのである。また、購入ロットが大きくな

れば、商品１つ当たりの割引率を大きくするといった工夫が施されることがある。「20個購入した方に限り、30％オフ」といったやり方である。

プロパー消化率

計算式： プロパー消化率（％）＝（プロパー販売：定価で販売した商品数）÷（仕入数量）×100

　プロパー消化率とはおもにアパレル業界で用いられる計数である。初期設定の定価（プロパー価格）ではなかなか完売できず、バーゲン、セールに頼る場合、バーゲン、セール以外、つまりプロパー価格でどれだけ売れたかを見るのである。

クリック率

計算式： クリック率（％）＝クリック回数÷表示回数×100

　クリック率とは検索エンジンなどの検索結果ページに掲載される広告（リスティング広告）などを訪問ユーザーがどれくらいクリックするかを表す計数である。リスティング広告をクリックすることで誘導したい通販サイトなどに飛ぶことになる。つまり誘導したいサイトにどれくらいの確率で誘導できるかを知ることができる。

　クリック率を明示することで、リスティング広告の効果を確認することができる。

　たとえばリスティング広告が100回表示される間に6回のクリックがあれば、クリック率は6％になる。

　クリック率はリアル店舗のチラシ集客率に該当するといえる。ビッグデータ時代のネット通販集客において不可欠な計数でもある。

コンバージョン率

計算式：　コンバージョン率（％）＝（資料請求数または商品購入数）÷
　　　　　（ホームページ訪問者）×100

　コンバージョン率とは、ホームページ訪問者のうち、どれくらいの割合の人が資料を請求したり、商品を購入したりするかを表す計数である。

　ホームページ訪問者がいくら多くても、資料請求が少なかったり、商品購入に結びついていなかったりすれば、ホームページの持つ意味合いは小さくなります。コンバージョン率を知ることで、いかにホームページが効果的に制作されているのかを知ることができる。

演習問題

【設問1】

次の計数について数値を求めよ。

(1) 仕入原価が2,000円で販売価格が3,000円の場合、値入率はいくらか。

(2) 売上高が800万円ある。値下げロスが20万円、廃棄ロスが30万円の場合のロス率を求めよ。

(3) 500円で仕入れた商品を700円で売った場合の粗利益率はいくらか。

(4) 22人の買物客が合計38点の商品を購入した。セット販売率はいくらか。

(5) 店舗で一日当たり200万円の売上高があり、その日の購入客数は400人でした。客単価はいくらになるか。

第 4 章

商品陳列・棚割管理の実務知識

商品陳列

　小売店舗はたとえ立地がよく、品揃えが充実していても、商品の陳列がきちんと行われていなければ、来店客の購買意欲を減退させたり、リピート客数の減少の大きな要因となったりする。いかに来店客が購入し、購買意欲を刺激できるように商品陳列を行うかということは店舗運営を成功させるための重要な要因といえよう。

　商品陳列を戦略的に行うことで次の効果が期待できる。

① 客単価の向上

　来店客の購買意欲が刺激されるかたちで商品陳列が行われていれば、「あの商品を買うためにこの店に来た」という来店目的となった商品のみならず、その商品と関連する商品もあわせて買う可能性が高くなる。たとえば、歯磨き粉のそばに歯ブラシが置かれていれば、歯磨き粉と歯ブラシをまとめて購入する可能性が高い。

② ついで買い・衝動買いの誘発

　たとえばレジ横にガムやメモ帳などを置くと、会計前の来客がそれに手を伸ばすことがある。商品陳列を工夫することで売れにくい商品の売上を増やすことも可能になる。ちなみに衝動買いが多いのは入出店口に近いところの商品に多いという報告もある。

③ リピート客数の増加

　多くの買物客は商品を効率よく買いたいと考えている。買物客がほしい商品を見つけ出し購買の意思決定を行うというプロセスにかかる精

神的な負担は小さくない。商品陳列が消費者購買行動の視点を踏まえて行われていれば来客はその負担を最小限に留めることができ、リピート客となりやすい。

POINT　棚割 ▶▶▶▶▶

　小売店の商品が並んでいる陳列棚（ゴンドラ）を「棚」、そこに商品を並べるレイアウトを「棚割」という。通常、商品の入れ替わりの多い時期に棚割が行われる。あまり売れない商品は「カット商品」として棚から外され、店頭から姿を消す。反対に、新商品やトレンド商品は、棚割を改め、新商品を店頭に置く際の大きなポイントとなる。

　たとえば、一般的な女性向けの制汗剤ならば、脱毛・日焼け止め商品などと同じ棚に置き、冬場ならばロールタイプが売れるなどの特徴がある。しかし、これが新たに発売する働く女性向けの制汗剤となると、どのような棚に置けばよいのかどうか、シミュレーションをして検討を行う必要が出てくる。

　各社から発売されている棚割ソフトを使うと、小売業の店頭で商品を適切に陳列できるよう、コンピュータ上でシミュレーションを行うことができる。もちろん、従来の男性目線だった棚割を見直し、働く女性の視点を重視した店作りや商品ラインナップの展開も可能になる。

事例研究　ドラッグストアの棚割 ▶▶▶▶▶

　棚割ソフトとあわせて、さまざまな情報を上手に活用することも求められる。たとえばドラッグストアでは、一部の医薬品や調剤薬局、カウンセリング化粧品を除くほとんどの売場が接客を行わない「セルフ売場」となっている。「商品を棚に並べておけば、買物客が商品を勝手に選ぶ」と思われがちだが、実際は棚割の良し悪しで売れ行きが大きく変

わる。どんなに魅力的な商品でも、なんとなく置いたのでは期待するほどには売れない。店内には複数の競合商品がひしめいており、よほどうまく分類・陳列されていない限り、買い物客は新トレンドの商品になかなか気がつかない。しかも、新たな気づきを得られる「選ぶ楽しみ」を付加することも重要なので、売場をどう構成するかは、簡単ではない。

　買物客が選びやすい売り場をつくるには、豊富な商品知識が欠かせない。そのため、商品情報のデータベースを小売業が自社でしっかり持っているということが重要になるが、商品情報の収集とメンテナンスは非常に手間のかかる作業のため、小売業は勿論、仕入先のメーカー、卸売業にとっても大きな負荷となってきた。

　そこでたとえば、日用品業界ではそうした状況を解消するために商品データベースを情報基盤ネットワーク企業であるプラネット社が構築している。消費財流通における情報インフラとして機能している同社の商品データベースは、消費財メーカーが直接登録しているため、棚割に必要な新商品の情報を発売の2～3ヶ月前に入手できるようになっている。

　日用品、化粧品、ペットフード・ペット用品、OTC医薬品、酒類・加工食品などの商品情報が一元管理されているため、利用者は商品マスターや棚割ソフトなど、いろいろな用途で活用することができる。棚割システムをいかに効率的に構築するかで小売業のビジネスモデルも大きく変わってくるわけである。

表4-1：棚卸システムの対応に関する主要関連企業の動き

企業名	解説
IBM	商品の販売に影響を与える各種変動要因を考慮したうえで需要予測を自動で行い、売場の商品陳列を定義する棚割りシステムや単品在庫を管理するマスター管理システムといった既存システムとの連携を図ることによって、精度の高い自動発注を行う商品管理ソリューション「カテゴリー・プロフィット・マネジメント (CPM)」を開発

日本総合システム	棚割システムについて食品、日用品、公官庁などへの導入実績多数
プラネット	日用品の棚割りシステムとデータベース構築の基盤企業
ユニシス	食品スーパーを展開するエコスと共同で、Windows タブレットを利用した小売業向けソフト「CoreCenter Tablet」を開発。CoreCenter と連携する棚割システムの導入も可能

商品陳列の基本知識

主な店舗の商品陳列方法は次のようになる。

縦陳列・横陳列

商品を棚の上段から下段にかけて縦に同一商品や関連商品を陳列する方法を「縦陳列」、棚の右から左に横並びに同一商品や関連商品を陳列させる方法を「横陳列」という。陳列のもっとも基本的な方法である。

縦陳列の最大のメリットは買物客が目当てとする商品を見つけやすいということである。多くの商品を買物客にラインナップとして見えることができる。また横陳列の場合はより多くの商品を買物客の左右の視野に広く訴えることができるというメリットがある。

平台陳列

スーパーマーケットなどで通常の売場棚とは別に通路の踊り場やオープンスペースに平台が設けられ、目玉商品などが大量に陳列されることがある。また平台をひな壇状に段組みとすることもある。平台に大量に陳列することで販売促進などを行っている特定商品を一挙に売り切ることも可能になる。

圧縮陳列

ドン.キホーテが採用する陳列方法で狭い売場スペースに多くの商品を「圧縮」するように並べる陳列方法。買物客は圧縮陳列の売場から予

想もしない意外な商品を探し出すことに面白さを見いだせるようになっている。

ゴールデンライン

　商品陳列において、ちょうど買物客の目線（床面から60〜150cm）に陳列されると、見やすく手に取りやすいことから商品がよく売れるといわれ、このライン（ゾーン）をゴールデンライン（ゴールデンゾーン）という。したがって商品陳列において、どのような商品をゴールデンラインに配置するかということで売場の性質が決まってくるといえる。またゴールデンラインから外れた商品をいかに買物客にアピールしていくかということも重要である。ちなみに、買物客は陳列棚と70cmほどの距離を取り、60°の視野から商品を探すとされている。同一商品、関連商品は左右80〜90cmの幅に陳列されることが一般的である。

　また、「そんなところに商品があったのか」という死角を発生させないということも店舗陳列における基本である。

反時計回り

　多くの買物客が右利きであることから商品陳列が反時計回りに設計されていることが多い。とくに定番商品の陳列は反時計回りが原則となっている店舗が多い。

時計・窓の役割

　多くの店舗の売り場には時計が設置されていないことが多い。また窓についても陳列棚などと並行して設けられることは少ない。これは買物客に時間を気にさせないための工夫である。

【設問1】

正しいものには「適」、そうでないものには「不適」を選びなさい。

問1：レジ前では買物客の多くが立ち止まるが、売りたい商品などを並べても売上向上には役立たない。 （適・不適）

問2：通路のエンド部分（出口付近）では買物客の足取りは遅くなることが多い。それを利用して販売促進をかけたい商品を並べると効果が出ることが多い。 （適・不適）

問3：店舗の入口付近は入出店の買物客や納入業者など、人の流れが激しいのでインパクトのある商品をその場に並べても見向きもされないことが多い。 （適・不適）

問4：通路幅は買物客1人がギリギリ通れるくらいの50cm程度に設定し、売場面積を最大限にすることが一般的である。 （適・不適）

問5：店舗入口付近に販売量（金額）の多い商品を置いても店舗全体の売上向上にはつながらない。 （適・不適）

問6：ウィンドーはたんに商品を陳列するだけでなく、魅力的な提案が感じられる商品が並べられると買物客は購買意欲をかきたてられる。 （適・不適）

問7：店舗における品揃えやコンセプトを視覚的に表現する方法をVMD（ビジュアルマーチャンダイジング）という。 （適・不適）

問 8 ：前出し陳列とは陳列商品を盛り上げてボリューム感を表現する陳列方法である。 （適・不適）

問 9 ：フック陳列をしてもパッケージなどが傷んだり、陳列に不揃いが発生したりすることはめったにない。 （適・不適）

問 10：棚陳列を行う場合には、各棚にムダな空きスペースが生じないようにすき間なく商品を詰め込まなければならない。 （適・不適）

第5章

販売効率の分析

店舗における販売業務

　販売員のもっとも重要な仕事は接客で、ほしい商品を求めて来店してくる顧客に気持ちよく商品を購入してもらえるようにする。笑顔できちんと挨拶することで気持ちよく商品を購入してもらうようにする。

　また、店内にある商品がどのような商品なのか十分な知識のもとに商品を説明したり、使い方のアドバイスも行う。また自店舗のみならず他店舗の在庫についても確認したりする。店内やバックヤードなどを掃除したり、商品のレイアウトを工夫したりして、顧客満足を実現し、来客に気持ちよく商品を購入してもらえるような環境作りを行うことも重要である。

　販売員の給与は各自の販売実績によって歩合給がつくことも多い。「どの販売員がどれくらい売っているか」ということを経営サイドで管理していることもある。販売員にとってはノルマがつくかたちにもなるので仕事のストレスは決して小さくはない。しかし、逆に歩合給が出るということをプラスに生かし、群を抜くほどの販売実績をあげる「カリスマ店員」などが出現することもある。

小売店舗の一日の流れ

　多くの店舗では早朝の開店前、あるいは始業前には朝礼、ミーティングが行われる。多くの場合、早朝のミーティングの主な目的は業務上の注意事項や問題点などの情報を共有することになる。顧客からのクレームの対処法や非効率な業務の改善の方法などについて店長などから説明

があることもある。また売上目標額の達成などを見据えて各自の意識を向上させることを目的として行われることもある。

　なお、早朝ミーティングはどうしてもそれに参加しなければ業務の遂行がスムーズにいかない場合などには「勤務時間扱い」となる。「始業前だから勤務時間にはカウントされない」ということはない。

　開店前にはクリンネス（店をきれいにすること）も行う。クリンネスは3S（清掃・整理・整頓）を徹底することである。さらにいえば店内をきちんと清掃することだけではなく、販売員が自らの身だしなみに気を配ることもクリンネスに含まれる。ぼさぼさの髪の毛や無精ひげ、ユニフォームなどの汚れなどに注意する。ちなみにクリンネスは、フレンドリー、鮮度管理、品揃えとあわせて「小売業の4大原則」ともいわれている。

　また開店前に納品があり、販売員が検収・検品に立ち会うことも少なくない。

　開店後は、接客をしっかり行うことが大切になる。売上げが発生すればレジ業務も行う。

　閉店後にも店内の３Sを行い、必要に応じて、反省会やミーティングが組まれていることがあります。シフト管理などの確認も行われる。

POINT　販売効率の分析 ▶▶▶▶▶

　「販売がいかに効率的に行われているか」という点について計数を用いて分析することが可能である。

人時単価（にんじたんか）

計算式：　人時単価（円）＝総人件費÷総人時

　人時単価とは、従業員１人当たり、どれくらいの人件費がかかってい

るのかを知るための計数である。人時とは「人が1時間でこなせる作業
分量」を指し、販売においては「1人の従業員が1時間に販売できる量
（売上高）」となる。

　人件費は正社員とパート、アルバイトで異なるため、まず正社員、パ
ート、アルバイト、それぞれの人件費を足し、総人件費を求める。そし
てそれを「どれくらい作業に時間がかかったか」を表す総人時で割る。

　人時単価を把握しておくと、販売部門の効率化を進めるにあたってど
れくらい人件費を削減できるかを明らかにすることができる。

　ただし、賃金は最低賃金制度によりミニマムは定められているので、
合理的な根拠のもとに企業業績などもふまえ高くなく安すぎない賃金を
適正な作業人数でこなしていくことが望まれる。

人時生産性（人時粗利益、労働生産性）

計算式：　人時生産性（円）＝粗利益高÷総人時（従業員数）×100

　人時生産性は、社員、パート、アルバイトなど従業員すべてを対象と
しての労働時間1時間あたりの粗利益高を示す計数である。人時当た
り、どれくらいの粗利益高が出ているかを知ることで作業効率性の改善
などの指標として活用できる。各人がどれくらいの作業ノルマをもって
働けばよいかといった目安を数値で示す。

　一般に売上高が増えれば増えるほど、人時も増えることになる。粗利
益高も増えれば増えるほど人時は増えることになるが、売上高や粗利益
高の伸びに比例して増える人時の割合を可能な限り抑えていく努力と工
夫が必要になってくる。なお、人時生産性は労働生産性といわれること
もある。

　人時生産性を求めることによって、マンパワーの投入が粗利益高の増
大にどれくらい効果があるのかを知ることができる。人時生産性が低い
場合はその販売現場に販売員をより多く投入しても、予測される粗利益

高の上昇率がそれほど大きくない可能性が高いと考えられる。

　人時生産性が低い場合、販売員の再教育、現場の段取り、作業プロセスなどの改善、班・チームなどの再編成などを対応策として打ち出す必要がある。販売員がどのように作業を行えば効率的かということを入念に検討する必要もある。

　人時生産性は企業全体で考える場合、日次ベースで5000〜7000円程度、小売現場などでは7000〜8000円程度と考えられている。

　したがってこの数字よりも低い場合は改善の余地があるといえる。人時生産性はこの目安よりも高ければ高いほどよいということになる。

パート比率

計算式：　パート比率（％）＝（パート数）÷（全従業員数）×100

　作業現場でのパート、アルバイトの従業員の割合はどれくらいかを示す計数がパート比率である。作業の現場のパート、アルバイトが多ければ、人件費が賃金で支払われるので、人員配置やシフトなどを効率的に組むことがきわめて重要になる。正社員比率が低く、派遣社員、契約社員なども多い企業も少なくない。パートをいかに管理するかということは企業が効率化を考えるうえで重要な要素となっている。パート比率が高い場合、作業にどれくらいの人時がかかるかを正確に見積り、ムダな残業などが行われないように注意する必要がある。

売上高対人件費比率（人件費率）

計算式：　売上高人件費比率（％）＝人件費（円）÷売上高（円）×100
　　　　　　＊人件費＝従業員（役員を含む）給与＋福利厚生費

　売上高人件費比率とは、売上高に対して、どれくらいの人件費がかかっているかを見るための計数である。人件費があまりに高い場合には、

たとえば正社員をパート、アルバイト、契約社員などで代替したり、役員や従業員の給与などを減らしたりすることでコストを削減することもある。

　もちろん、人件費は適正であっても、販売する商品に魅力がなければ売上高は伸びないので、この場合も売上高人件費比率は高くなる。顧客への訴求力の強い商品をそろえることも重要になる。

　一般に多くの販売員を抱えるなど、労働集約型の店舗を経営しているほうが、比率が高くなる。小売業の場合、10～35％の範囲となることが多い。

作業効率性

計算式：　作業効率性（ポイント）＝作業量÷人員数 ×100

　作業効率性を知ることによって効率的に作業が行われているかどうかがわかる。

　作業効率性を算出するためにはまず作業量を数値化しなければならない。たとえばバックヤードで段ボール100個の検品を行う場合ならば、1人当たりの段ボール単位での検品処理量を求めればよい。

人時販売数（高）

計算式：　人時販売数（高）＝総販売量（高）÷総人時

　人時販売数（高）とは、1人時当たりにどれくらいの製品の販売が行われているかを示す計数である。

　販売部門において、人時を少なくするためには、店舗レイアウト、商品陳列、棚割などを工夫したり、セルフレジを導入したりすることになる。

完全注文達成率

計算式：　完全注文達成率（％）＝完全注文件数÷注文総数×100

　「完全注文」とは、顧客サイドから見た受注、納品、請求までの一連のプロセスが何のミスもなく処理されることで、その達成率を完全オーダー率（完全注文達成率）という。

　一連の流れのなかで、受注ミス、欠品、納品伝票ミス、誤出荷、請求書ミス、請求遅延などが発生すれば、「顧客が満足するかたちで注文が達成されたとは考えない」と考えるわけある。

演習問題

【設問1】
正しいものには「適」、そうでないものには「不適」を選びなさい。

問1：販売員のもっとも重要な仕事は接客で、ほしい商品を求めて来店してくる顧客に気持ちよく商品を購入してもらえるようにする。

（適・不適）

問2：アパレル販売員が他店舗の在庫を確認することはほとんどない。

（適・不適）

問3：多くの店舗では早朝の開店前、あるいは始業前には朝礼、ミーティングが行われる。

（適・不適）

問4：早朝ミーティングはどうしてもそれに参加しなければ業務の遂行がスムーズにいかない場合などでも「勤務時間扱い」とはならない。

（適・不適）

問5：クリンネスとは3S（清掃・整理・整頓）を徹底することである。

（適・不適）

問6：アパレル店舗などでは連日、遅くまで販売業務が行われているので、正社員の販売員もアルバイトなどと一緒に閉店後すぐに帰宅できることが多い。

（適・不適）

【設問2】

次の計数について数値を求めよ。

(1) ある販売部門の1日の総人時が200人時で粗利益高が110万円でした。人時生産性はどれくらいになるか。

(2) ある小売店舗には、従業員25人中、パート、アルバイトの人員が18人いる。パート比率はどれくらいか。

(3) 店舗で入荷に関する伝票処理に月当たり132時間かかる。これを3人で行う場合と2人で行う場合の作業効率性を比較しなさい。

(4) 注文総件数が1220件のところ、完全注文件数を調べたところ、990件あった。完全注文達成率はどれくらいになるか。

(5) 年間の人件費が6000万円、売上高4億円の企業の場合、売上高対人件費比率はいくらになるか。

第 *6* 章

店舗経営分析

店舗経営に必要な計数

　店舗経営分析に必要な計数を整理すると、次のようになる。

損益分岐点比率

　損益分岐点比率とは、実際の売上高に対する損益分岐点売上高の割合を指す。損益分岐点比率を知ることで、企業の収益能力がどれくらいあるかがわかる。

　損益分岐点売上高（損益分岐点）とは利益が出るか、あるいはそうではなくて欠損が出るかという境目の売上高のことをいう。損益分岐点売上高は、固定費÷｛1－（変動費÷売上高)｝の計算式で算出される。ここで算出された売上高は、「最低限、これだけの売上高を上げなければ欠損を出してしまう」というギリギリの数値である。

　なお、固定費とは売上高の増減には関係なく発生する費用のことで、一般的に人件費、減価償却費などが該当する。

　これに対して変動費とは売上高が増減すればそれにあわせてその額も変動する費用のことである。たとえば、小売業でいえば売上原価、販売手数料などがあげられる。

　固定費と変動費の合計を総費用という。さらにいえば、変動費÷売上高で導き出せる計数を変動費率と呼んでいる。

　損益分岐点比率は数値が小さいほど企業の収益性が高いとされている。業種業態により異なるが、一般に 0.8 以下であれば、売上高が 20％減でも赤字に転落しないわけで、企業収益性はかなり良好といえる。

営業利益率

　営業利益率とは売上高に対して営業利益がどれくらいの割合かを示す計数である。なお、粗利益から販売費と一般管理費を引いたあとの利益を営業利益という。

　営業利益率を見ることで、実際、企業が自らの事業活動でどれくらいの儲けを出しているかが明らかになる。

　営業利益率が高ければそれだけ、企業の収益性は高いといえる。逆に営業利益率が低い場合には人件費、広告費、家賃などが高く、それが収益力を削いでいる可能性がある。

　また営業利益率と、粗利益から販売費と一般管理費を引かずに粗利益高と売上高の比率を単純に示した「売上総利益率」がどれくらいになるかもチェックすることで企業の収益性がはっきり見えてくる。

　営業利益率は流通業では1～3％程度で、5％を超えればかなり優良といえる。ただし、飲食業などでは10％を大きく超える企業もあり、業種、業態、ビジネスモデルなどによりかなりの差が出ることもある。

限界利益率

　限界利益率とは、限界利益高が売上高に対してどれくらいの割合かを示す計数である。

　限界利益高とは「固定費をまかなうための最低必要な利益」といえる。

　たとえば、広告費などの変動費については「必要に応じて額を減らす」ということが可能だが、家賃などの固定費の場合は必ず必要になる。そこで企業活動の状況にあわせて柔軟に対応することが可能な変動費を除いて、絶対に必要な固定費に利益を加えた金額を限界利益高と呼ぶ。「なんとしても固定費分だけは回収する」という考え方である。経営を行ううえで最低限、確保しなければならない利益というわけである。

総資産経常利益率 (ROA：Return On Asset)

　総資産経常利益率は、経常利益を総資本で割ることによって求められる。総資本をもとにどれくらい利益を上げたかを示す計数である。

　たとえば、総資産計上利益率が低いということは薄利多売型の経営を行っているということになる。反対に数量は少なくても売上単価が高い商品を扱っている企業の場合、総資産計上利益率は高くなる傾向にある。

　ちなみに経常利益とは本業の稼ぎである営業利益に営業外収益という受取利息、受取配当金などの本業以外の収入を加えて、なおかつ同時に支払利息などの本業以外の費用を差し引いたものである。

　目安については、卸売業で4～6％、小売業で6～8％、飲食業で10～15％といったところが平均的な数値である。全業種平均は3％程度である。

自己資本当期純利益率 (ROE：Return on Equity)

　自己資本当期純利益率 (ROE) とは、自己資本をどれくらい活用して利益を得ているかを示す計数である。自己資本とは純資産、株主資本などのことを指す。

　当然ながら当期純利益が低いと、ROE も低くなる。反対に高い場合は、当期純利益が高いことを意味している。

　近年は投資家サイドから ROE の高い企業に投資する動きが強まっている。これは ROE が株式資本に対してどれくらい利益を出せるかを表していることに注目が集まっているからである。

　そして企業側もこれを受けて、自社株式の購入などを積極的に進め、資本圧縮を行うことで ROE の向上を進める傾向がある。これは購入した自社株式が株主資本から控除されるためである。

　目安については、業種業態などで異なるが、4～6％が平均的な数値で、それ以上になれば優良企業と考えられる。

営業利益分配率

　営業利益高とは、売上高から売上原価、販売費、一般管理費を引いたものである。企業の営業活動から生み出された利益のことで、営業利益分配率を求めるにはその営業利益高を粗利益高で割り求める。営業利益を上げるには販売費や一般管理費をなるべく抑えるようにしなければならない。

　販売費とは販売を行うための費用のことで、一般管理費とは、企業を運営するために必要とされる費用のことである。これらの費用は固定費として扱われることも少なくない。しかし、それでも効率化を推進することで販売費や一般管理費を削減することも可能である。営業利益分配率が低ければ、たとえば、宣伝広告費、販売促進費、地代家賃、賃借料などの見直しを図るようにしなければならない。

演習問題

【設問1】

正しいものには「適」、そうでないものには「不適」を選びなさい。

問1：損益分岐点比率とは、実際の売上高に対する損益分岐点売上高の
割合を指す。損益分岐点比率を知ることで、企業の収益能力がどれく
らいあるかがわかる。 （適・不適）

問2：損益分岐点売上高（損益分岐点）とは利益が出るか、あるいはそ
うではなくて欠損が出るかという目標とする売上高のことをいう。
（適・不適）

問3：固定費とは売上高の増減には関係なく発生する費用のことで、一
般的に人件費、減価償却費などが該当する。 （適・不適）

問4：損益分岐点比率は数値が小さいほど企業の収益性が高いとされ、
業種業態により異なるが、一般に0.5以下であれば企業収益性はかな
り良好といえる （適・不適）

問5：営業利益率を見ることで、企業が自らの事業活動でどれくらいの
儲けを出しているかが明らかになる。 （適・不適）

問6：営業利益率が低い場合には人件費などの何らかのコストが収益力
を削いでいる可能性がある。 （適・不適）

問7：限界利益高とは、企業活動の状況にあわせて柔軟に対応すること
が可能な変動費を除いて、絶対に必要な固定費に利益を加えた金額を
指す。 （適・不適）

問8：限界利益率とは、限界利益高が売上高に対してどれくらいの割合かを示す係数である。　　　　　　　　　　　　　　　（適・不適）

問9：数量は少なくても売上単価が低い商品を扱っている企業の場合、総資産計上利益率は高くなる傾向にある。　　　　　　（適・不適）

問10：自己資本とは人件費、広告費などのことを指す。　　（適・不適）

【設問2】
次の計数を計算しなさい。

問1：売上高が1320万円で変動費が924万円、固定費が270万円の場合、損益分岐点比率はいくらか。

問2：売上高が5000万円、粗利益高が800万円、販売費が250万円、一般管理費が330万円という企業の営業利益率はどれくらいか。

問3：売上高1200万円、固定費500万円、変動費250万円の場合の限界利益率はいくらか。

問4：自己資本が12億円、総資本が34億円の企業の自己資本率はいくらになるか。

問5：経常利益が1300万円、総資本が2億5000万円の企業の総資産計上利益率はいくらか。

　経営に関する計数は、貸借対照表、損益計算書、キャッシュフロー計算書に記載されているデータをもとに導き出すことができるものがほとんどである。したがって、その見方に精通していれば、経営分析を行うことは難しいことではない。

　ただし、業界ごとにその基準はかなり異なる。したがって、自分の属する業界と他業界を一概に同列で論じることは避けたほうがよいかもしれない。

　また、たとえば、販売、物流などに関する計数の数値がよくても、経営に関する計数の数値が芳しくなければ、せっかくの現場改革も中途半端な意味しかなくなってしまうかもしれない。

　物流現場で大きな改革が必要で、主要計数の値を改善させることが必要との判断がなされ、その際に思い切って高額な情報システムを導入したり、最先端の設備投資を行って、ランニングコストを下げることを計画しても、経営分析の結果、負債資本比率などが高いということになれば、イニシャルコストが増える改善策は見送らざるを得なくなる。その場合、イニシャルコストが比較的、かからない改善策を導入するなどの修正を求められることになる。このように経営に関する計数について熟知することで、より現場に合わせた改革、改善案の提案ができるようになる。

　経営分析を行うにあたって重要なことは計数の要素も加味して企業評価を行う必要がるということである。各部門の計数管理以上に企業全体の方向性を見定める経営に関する計数の取扱いは慎重に行う必要もある。数値がよくても悪くても安易に反応するのは控えるべきともいえる。

第 7 章

消費者購買行動の分析

消費者購買行動分析

　小売業の運営を考えるうえで消費者購買行動分析はきわめて重要である。性別、年齢別、地域別などで顧客の購買傾向は異なる。どのような商品がどのような購買層に売れているのかを可能な限り詳細に分析する必要がある。また店舗における購買の時間帯、曜日ごとの売れ行きなどについてもデータを集めておく必要がある。（第 12 章「POS システム」p. 84 参照）

　売上時間効率、チラシ集客率、買上率、平米効率などの計数を把握することも重要である。

売上時間効率（1 時間当たりの売上高）

計算式：　売上時間効率＝（売上高÷営業日数）÷営業時間

　売上時間効率とは、1 時間当たりに商品が売れた金額を示す計数である。販売分析を行うには客数の把握（客単価、買上率）、人的効率（人件費率）に加え、時間効率（売上時間効率）を把握しておく必要がある。

　売上時間効率を時間帯ごとに求め、パート、アルバイトなどの適正配置を行えるようにする。時間帯別の売上情報は POS（販売時点情報管理）システムを活用したり、直接、レジでデータ集計を行ったりすることにより入手できる。

　たとえば開店直後の売上時間効率が悪いならば、思い切って開店時間をうしろにずらしたり、反対に開店直後にセールを打ち出して集客力を

上げて売上増を図るなどの工夫が必要になってくる。夕方前の売上の落ち込む時間帯にタイムセールなどを行うのも売上時間効率を分析することによって浮上してくる販売戦術といえる。

　なお、売上時間帯効率は業種業態、企業規模などにより大きな差がある。自社の売上時間効率を定期的に測定することで問題点が見えてくる。

チラシ集客率

計算式：　チラシ集客率（％）＝客数÷チラシ配布枚数×100

　チラシの目的は小売店への集客である。チラシ集客率を把握することで、客数を増やすうえでチラシがどの程度の効果があるのかを知ることができる。小売店がバーゲン、セールなどでの集客の可能性を把握するうえで重要な計数である。

　たとえば、ある店舗で、エリア一円の3万人に新聞チラシを入れてバーゲンの告知をすれば、チラシ集客率が3％ならば、900人がその情報に引き寄せられて、来店する可能性が高いということになる。チラシ配布の物量から集客効果が計算できる。

　一般に業種によって異なるが新聞チラシなどの場合、3〜10％程度といわれている。なお、ダイレクトメール、ポスティング（ポストへの直接投函）などもあり、そのやり方により効果も異なる。

買上率

計算式：　買上率（％）＝購入客数（人）÷来店客数（人）×100

　買上率とは、店舗への来店客数のなかでどれくらいの人が商品を購入したかを示す率である。買上率を向上させるにはさまざまな方法が考えられる。

　たとえば、店舗内の品ぞろえを買物客にとってそれまで以上に興味深

くするように仕入を工夫したり、店舗レイアウトを変更したり、POP
などを増やしたりする。また販売員による顧客への接客を増やすことで
も買上率を上げることができる。

　来客数が同じならば買上率が上がれば、売上高も増加する。たとえば
来客数が300人で平均1万円分の買物をしているとすれば、買上率が
10％から11％に上げるだけで売上高は30万円から33万円に、すなわ
ち10％も向上することになる。買上率の向上を目指すことが売上高ア
ップに直結する。

　一般に買上率は、業種・業態などによりかなりの差があるが、たとえ
ばアパレル店舗では10〜30％程度が平均的と考えられている。

売上高対人件費比率（人件費率）

計算式：　売上高人件費比率（％）＝人件費（円）÷売上高（円）×100

*人件費＝従業員（役員を含む）給与＋福利厚生費

　売上高人件費比率とは、売上高に対して、どれくらいの人件費がかか
っているかを見るための計数である。人件費があまりに高い場合には、
たとえば正社員をパート、アルバイト、契約社員などで代替したり、役
員や従業員の給与などを減らしたりすることでコストを削減することも
ある。

　もちろん、人件費は適正であっても、販売する商品に魅力がなければ
売上高は伸びないので、この場合も売上高人件費比率は高くなる。顧客
への訴求力の強い商品をそろえることも重要になる。

　一般に多くの販売員を抱えるなど、労働集約型の店舗を経営している
ほうが、比率が高くなる。小売業の場合、10〜35％の範囲となること
が多い。

平米効率／坪効率

計算式：　平米効率（坪効率）＝売上高÷売場面積×100

　売場面積当たり、どれくらいの売上があるのかを見るための計数である。通常売場面積は平方メートルか坪 (3.3m²) 当たりで算出する。販売分析を行ううえで重要な計数であり、実務においてよく使われる。

演習問題

【設問1】

正しいものには「適」、そうでないものには「不適」を選びなさい。

問1：POS システムとは商品別の売上げ情報、販売状況などを単品単位
で掌握し、管理するシステムのことをいう。　　　　（適・不適）

問2：POS システムを導入しても小売業にとっては、レジ業務の省力化
などが可能となるわけではない。　　　　　　　　　（適・不適）

問3：時間帯別の売上情報は POS システムを活用したり、直接、レジ
でデータ集計を行ったりすることにより入手できる。　（適・不適）

問4：開店直後の売上時間効率が悪いならば、思い切って閉店時間をう
しろにずらしたり、反対に閉店直前にセールを打ち出して集客力を上
げて売上増を図るなどの工夫が必要になってくる。　（適・不適）

問5：買上率とは、店舗への来店客数のなかでどれくらいの人が商品を
購入したかを示す率である。　　　　　　　　　　　（適・不適）

問6：来客数が同じならば買上率が上がれば、売上高は減少する。
　　　　　　　　　　　　　　　　　　　　　　　　（適・不適）

問7：売場面積当たり、どれくらいの売上があるのかを見るための計数
である。　　　　　　　　　　　　　　　　　　　　（適・不適）

問8：売場面積当たり、どれくらいの売上があるのかを見るための計数
　　である。　　　　　　　　　　　　　　　　　　　　（適・不適）

問9：性別、年齢別、地域別などで顧客の購買傾向が異なることはない。
　　　　　　　　　　　　　　　　　　　　　　　　　　（適・不適）

問10：店舗における購買の時間帯、曜日ごとの売れ行きなどについて
　　もデータを集めておく必要がある。　　　　　　　　（適・不適）

【設問2】
次の計数について数値を求めよ。

問1：ある小売店が6月に休みなく、午前10時から午後8時まで営業
　　したところ、その月の売上高は1200万円だった。売上時間効率はい
　　くらか。

問2：ある小売店がその商圏の7000世帯にセールのチラシを配布した。
　　その結果、セール当日の客数は3000人になった。チラシを配布して
　　いないときは2700人の来客が平均だった。チラシ集客率はどのくら
　　いか。

問3：来客数が240人の店舗で38人が商品を購入していることがわか
　　った。買上率はいくらか。

問4：店舗面積が166.5㎡の広さであった . 売上実績は2500万円であっ
　　た。平米効率を求めよ。

第 8 章

仕入・調達

仕入・調達の注意点

　仕入・調達に関する計数を理解するにあたって、まず仕入・調達の基本的なしくみを理解しておく必要がある。

　仕入・調達のプロセスとしては仕入れる商品を見定めてから、見積もりを依頼し、その見積もりをもとに価格、納期などを交渉し、発注するということになる。

　新規の発注に際しては、既存の関連商品の在庫状況などを分析しながら、発注量を決めていく。

　また、すでに購買実績のある商品の補充追加の発注などについては、発注法に基づいて行われることが多い。

「在庫が減少したときにどれくらい補充するか」ということは仕入における重要なポイントでもある。

　補充発注する量の見定め方によって過剰在庫や過小在庫が発生してしまうからです。言い換えれば「ムダ、ムリ、ムラなく欠品などを補充する」ということが仕入の基本となります。補充発注がスムーズにいけば最終的にはコスト削減にもつながる。

発注法

　発注のベースには「発注の時期を決める」という考え方と「発注の量を決める」という考え方がある。発注の時期を決める発注法を「定期発注法」、発注の量を決める発注法を「定量発注法」という。

　定期発注法とは商品についてある程度の期間の販売計画を立てたうえ

で発注を行っていくやり方である。定期的に決まった量を発注する。定期発注法は長期的に需要が安定していて販売予測の立てやすい定番商品に適している。

　しかし、商品サイクルが短かったり、流行や季節の変化に左右されやすかったりする商品には向かない。定期的に同量を発注しても、売れ行きが悪ければ、商品消化率は低下してしまうことになる。

　そこでこの考え方を一歩進めて、「当初定めた在庫量を割り込んだときにはじめて決まった量を発注する」という方法がある。これが定量発注法である。基準の在庫量となる「発注点」をあらかじめ設定して在庫量が発注点を下回ったら決められたら、決められた量を発注する。

　ただしこの場合、適正な在庫量を柔軟に設定し、出荷データなどをふまえたうえで仕入を行うのが望ましい。また、発注の時期については月次、週次、日次など、定期的に設定し、仕入量だけを小まめに変更していくとい方法もある。いずれにせよ、在庫が過剰にならないように常に注視する必要があるのはいうまでもない。

誤発注の防止

　発注に際しては、誤発注などが発生しないように十分注意する必要がある。また、納期がきちんと守られるのか、守られていない場合はいつ納入されるかという追加情報がきちんと把握できるのか、調達に際してのリードタイムがどれくらいかかるのかといったことも重要になる。

　さらにいえば、店舗運営の場合、実際に仕入れた商品をどれくらいの価格で販売するか、どのようなタイミングでプライスダウンするのか、粗利益はどれくらい出るのかといったことにも留意したい。

取引と取引条件

　ビジネスにおける取引の多くは商品売買取引（商取引）である。商取引を行う場合、その商品の品質、数量、単価について決定し、売り手が

買い手に商品を引き渡すことになる。そして商品と引き換えに買い手が売り手に代金を支払うことになる。これが売買取引の一連の流れになる。

　なお売買契約は当事者の意思の合致、約束があれば成立する契約ということになる。このような契約を「諾成（だくせい）契約」という。

　また、ファッション小売業などではショッピングセンターなどのデベロッパー（開発者）などと物件賃貸借の取引を行うこともある。そうした長期的な基本契約には一般的に支払条件、契約期間、品質保証、秘密保持などの項目がある。

POINT　仕入にあたっての取引条件 ▶▶▶▶▶

　メーカーと流通業が交わす取引条件には、商品、数量、価格、仕入方式、発注方式、引渡し、支払いなどの項目がある。

　さらに詳しくみると、たとえばアパレルの場合、商品については、品番別、色別、サイズ別のそれぞれによる数量など、数量についてはSKU（最小在庫単位）別、納期別の数量、納品の際の最小ロット、価格については、上代・掛率制か下代取引かなど、また支払いについては現金支払いか手形支払いかなどが決められることになる。付帯条件としては派遣販売員の有無、運賃負担、さらには店頭販促物の提供などについて定められる。

　ちなみに業界によっては売買取引で契約書を交わさないことも多い。その場合、受注書や注文書などで契約が成立することになる。

仕入形態

　アパレル商品の有力販路となる百貨店などでは仕入に際して、買取仕入、委託仕入、売上仕入の3種類の方法があり、状況に応じて使いわけられている。

　買取仕入とは、アパレルメーカーから百貨店などにアパレル商品が納

入されるときに商品に対して買取りというかたちで代金が支払われ、その所有権もあわせて移転されるという仕入の形態である。いったん買い取ったアパレル商品は原則的には返品できない。ただし、実際は買取仕入ということであっても店頭の売れ残りなどを返品するケースも少なからず見られる。それゆえ返品を認めない完全買取仕入もある。

委託仕入とは小売業がメーカーなどから商品を委託されて店頭に置くというかたちをとる仕入形態である。売れ残り商品は当然のことながら小売業からメーカーに返品されることになる。万引き、破損などについてのリスクは小売側が負う。

売上げ仕入は消化仕入ともいわれる。メーカーなどから仕入れた商品のうち、店頭で売れた商品のみを仕入れたとする形態である。

なお商品が売れ残った場合、返品は受け付けられる。したがってメーカー側は商品の売れ残りのリスクを負うものの、適切かつタイムリーな商品供給体制を構築することも可能である。ただし万引き、破損などについてのリスクはメーカー側が負うことになる。

表 8-1：仕入形態の分類

仕入形態	解説
買取仕入	メーカーから小売業などに商品が納入されるときに商品に対して買取りというかたちで代金が支払われ、その所有権もあわせて移転されるという仕入の形態
委託仕入	小売業がメーカーなどから商品を委託されて店頭に置くというかたちをとる仕入形態
売上げ仕入（消化仕入）	メーカーなどから仕入れた商品のうち、小売業などの店頭で売れた商品のみを仕入れたとする形態

供給（調達）リードタイム

計算式：　供給リードタイム（日時）＝（供給完了日時）－（発注日時）

　供給リードタイムは必要な物品、商品がどれくらいの時間で届くかを知るための計数である。供給リードタイムを短くすることで在庫削減や機会損失の回避などが実現できると考えられる。卸売業や小売業はメーカーに発注してから商品が店頭に並べるまでの供給リードタイムの短縮が目指される。

　供給リードタイムには卸売業からの受注量を予測し、実際の注文を処理する時間や物流センターなどでの品質チェック、小売業などへの輸配送の時間などが含まれることが多い。

　なお、顧客が商品を注文してから受け取るまでの「顧客許容リードタイム」を可能な限り短くする必要もある。

【設問1】

正しいものには「適」、そうでないものには「不適」を選びなさい。

問1：仕入・調達のプロセスとしては仕入れる商品を見定めてから、見積もりを依頼し、その見積もりをもとに価格、納期などを交渉し、発注するということになる。　　　　　　　　　　　　　（適・不適）

問2：「在庫の増減に左右されることなく、理論値をベースにどれくらい補充するか」ということは仕入における重要なポイントでもある。　　　　　　　　　　　　　　　　　　　　　　　（適・不適）

問3：発注の時期を決める発注法を「定量発注法」、発注の量を決める発注法を「定期発注法」という。　　　　　　　　　（適・不適）

問4：商取引を行う場合、その商品の品質、数量、単価について決定し、売り手が買い手に商品を引き渡すことになる。　　（適・不適）

問5：売買契約は当事者の意思の合致、約束があれば成立する諾成契約である。　　　　　　　　　　　　　　　　　　　　（適・不適）

問6：買取仕入とは、アパレルメーカーから百貨店などにアパレル商品が納入されるときに商品に対して買取りというかたちで代金が支払われるが、その所有権は移転されないという仕入の形態である。

　　　　　　　　　　　　　　　　　　　　　　　　　（適・不適）

問7：委託仕入とは小売業がメーカーなどから商品を委託されて店頭に置くというかたちをとる仕入形態である。　　　　　　　　（適・不適）

問8：売上げ仕入は消化仕入ともいわれる。メーカーなどから仕入れた商品のうち、追加注文のあった商品のみを仕入れたとする形態である。　　　　　　　　　　　　　　　　　　　　　　　（適・不適）

問9：小売店などが仕入れた商品に利益を加えて販売価格を決定することを値入という。　　　　　　　　　　　　　　　　（適・不適）

問10：供給リードタイムを長くすることで在庫削減や機会損失の回避などが実現できると考えられる。　　　　　　　　　　（適・不適）

第 9 章

小売業の価格戦略

「価格」はいかにして決まるか？

　小売店などで売られる商品の価格の設定には「メーカー希望小売価格」を基準にした建値制と小売業に価格設定を任せた「オープン価格制」がある。

　建値制ではメーカーが主導的な役割を果たしている。メーカーが小売店の店頭で売られる商品の価格設定の決定権を握り、「定価」が決められることになる。

　メーカーなどによって定価が設定される利点は全国でその商品の価格が固定されることにある。「人気商品だから高くて買えない」とか「不人気商品なので大きく値崩れしている」といった現象は発生しない。メーカーなどは安心して商品をつくれる。また、消費者も不公平なくどこでも同じ条件で商品を購入できる。

　ただし、メーカーが小売店などに「すべての商品を定価通り売るように強要する再販売価維持制度」は独占禁止法により、1997年以降、著作物を除いて認められていない。

　かわって、メーカーなどが価格を設定しないで市場の実勢に合わせる「オープン価格制度」が導入されることとなった。小売業がマーケットの動向を見定めながら自由に価格を設定するという制度である。メーカーは卸値は決めるが、定価については干渉しない。したがってこの場合、消費者にもっとも近い小売業などが価格を決定することになる。「消費者の利益を阻害せず、競争を促進するなかで価格を決定していこう」という制度である。

さらにいえば価格決定にあたり、商品の原価、競合他社商品の値段なども十分に考慮されることになる。また、取引先や消費者が「この値段ならば購入してもいい」と考える心理的価格についても配慮する必要もある。

サプライチェーンにおける価格設定のプロセス

　メーカーが生産を行い、出来上がった商品は卸売業を通して、小売の店頭に並ぶ。メーカーはたんにモノを生産するだけでは収益を得ることができない。小売の店頭で商品が売れてはじめて利益を確保することができるのである。

　したがってメーカーはたんに生産するだけでなく、「いかに商品を売れるようにするか」というしくみ作りも必要になる。

　そこでこれまで卸売業や小売業を組織化し、販社制度の導入などが行われてきたわけである。多くの企業が他のメーカーの商品も扱う併売卸店ではなく、自社の商品のみを扱う専売卸を増やすように努めてきたのである。

　しかし近年、小売業が流通チャネル構築の主導権を握る動きが顕著化している。欧米ではウォルマートやカルフール、テスコといったメガリテール（超巨大小売）企業がメーカーに対して支配的な立場を構築した。そしてこの流れは日本でも大きくなり、流通の主役がメーカーから小売にシフトしてきた。たとえば「メーカー希望小売価格」が撤廃され、「オープン価格」が導入されているが、これはメーカーのマーケットに対する支配力の低下を意味する。強力な「バイイングパワー」（仕入れ力）を持つ大手小売業が流通システムを大きく左右する時代が到来しているのである。

用語解説：メーカー希望小売価格

　標準小売価格ともいう。メーカーが小売業に希望する小売価格のこと

で、消費者の商品購入の際の選択の基準とされてきた。

用語解説：オープン価格

価格をマーケットの実勢に合わせ、メーカーではなく小売業が販売価格を設定する。メーカーは卸値だけを決めて、卸売業や小売業に商品を販売するが、小売価格については拘束しない。

POINT リベート・返品 ▶▶▶▶▶

リベートには「割戻し」という訳語が与えられている。

リベートとは「メーカーなどが小売店から代金を徴収したあとにその代金の一部を小売店などに払い戻す制度・商慣行である。通常、払い戻しは一定の期間をおいてから行われる。

また、「リベート」という言い方ではなく、「販売協力金」などとよばれることも多い。

リベートの主たる目的は販売促進である。売上目標を達成した場合や大口取引を成立させた場合に支払われることになる。

支払い期間の短縮を促進するため、現金払いなどに対してリベートが支払われるケースやメーカーなどへの忠誠度のアップを図るために「専売率リベート」などが設けられることもある。

リベート制度は卸売業、小売業の資金繰りを助け、メーカー主導の強力な流通系列化の土台ともなってきた。しかしその反面、支給基準や支給方法が不自然なケースも多々、見受けられる。

さらにいえば卸売業や小売業がリベートに大きく依存し、そのために流通チャネルのスリム化が実現できないという指摘もされてきた。リベート自体は独占禁止法などに抵触する制度ではないが、卸売業、小売業などのなかにはリベートが大きな収入源となるケースが存在するわけである。

返品制度については、我が国では返品の条件があいまいなまま行われることが多く、それが流通の効率化を妨げているといわれてきた。リベート制度も返品制度も日本の流通システムのなかで大きな見直しを迫られている制度といっても過言ではない。

EDLP

　世界最大の流通業である米国のウォルマート・ストアーズの成功の要因のひとつに「エブリデーロープライス」(EDLP) があげられる。近年は多くの日本の流通業もその概念を取り入れている。

　EDLP とは「集客を強化するために一時的に価格を大きく下げる特売を行うことを避け、コスト削減を徹底させることによって常に低価格を実現する」という価格政策である。EDLP を実践することによってチラシ費などの販売促進費を大幅に節約できることが魅力となる。同時に魅力的なプライベートブランド（PB：自社開発商品）の開発・拡充を進め、相乗効果の創出も図る。

　EDLP をスムーズかつ効果的に実践するにはパートナー企業との情報共有を強化したうえでの流通システムの緻密な構築が不可欠となる。徹底した情報共有がなければ EDLP の効果は半減する。100 円ショップは EDLP を完ぺきに実践している日本型の成功事例であり、安価の象徴である「100 円」を業態名に組み込み、「常に格安商品を扱う」ということを消費者にアピールしている。複雑な日本の市場構造に EDLP を順応させるための独自の工夫のひとつが 100 円ショップというビジネスモデルを誕生させたともいえるのである。

書店流通と定価

　書籍、雑誌などの出版物は出版社がそれぞれの小売価格としての「定価」を定める。そして小売事業者である書店がそれにしたがい書籍、雑誌を販売する。これが「再販売価格維持制度」（再販制度）である。

なお書籍において再販制度を適用することは独占禁止法で認められている。出版物が一般商品と異なり、種類がきわめて多いためである。新刊書籍だけで年間７万〜８万点もあり、しかも各出版物はそれぞれ著作権がある。したがって消費者がその莫大な出版物から一冊の愛読書を選びだすのは容易なことではない。そこで消費者が手にとって書籍のよさを実感できるしくみが必要になり、陳列販売方式による再販制度が行われているのである。

演習問題

【設問 1】
正しいものには「適」、そうでないものには「不適」を選びなさい。

問 1：小売店などで売られる商品の価格の設定には「メーカー希望小売価格」を基準にした建値制と小売業に価格設定を任せた「オープン価格制」がある。 （適・不適）

問 2：定価とは価格をマーケットの実勢に合わせ、メーカーではなく小売業が販売価格を設定する。メーカーは卸値だけを決めて、卸売業や小売業に商品を販売するが、小売価格については拘束しない。 （適・不適）

問 3：標準小売価格とは消費者が小売業に希望する小売価格のことで、消費者の商品購入の際の選択の基準とされてきた。 （適・不適）

問 4：再販売価維持制度」は独占禁止法により、1997 年以降、食品を除いて認められていない。 （適・不適）

問 5：商品の価格決定にあたり、需給バランスから自然と適正価格が算出されることがある。 （適・不適）

問 6：商品の価格決定にあたり、商品の原価、競合他社商品の値段などを考慮する必要は原則的にはない。 （適・不適）

問 7：「メーカー希望小売価格」が撤廃され、「オープン価格」が導入されているが、これは小売業のマーケットに対する支配力の低下を意味する。 （適・不適）

問8：リベートとは「メーカーなどが小売店から代金を徴収したあとに
　　　その代金の一部を小売店などに払い戻す制度・商慣行である。

（適・不適）

問9：リベート制度は卸売業、小売業の資金繰りを助け、メーカー主導
　　　の強力な流通系列化の土台となってきた。さらに支給基準や支給方法
　　　についても商慣行の長い歴史から綿密なしくみ作りが行われてきた。

（適・不適）

問10：EDLPとは「集客を強化するために一時的に価格を大きく下げ
　　　る特売を行うことを容認し、コスト削減を徹底させることによって常
　　　に低価格を実現する」という価格政策である。　　　　（適・不適）

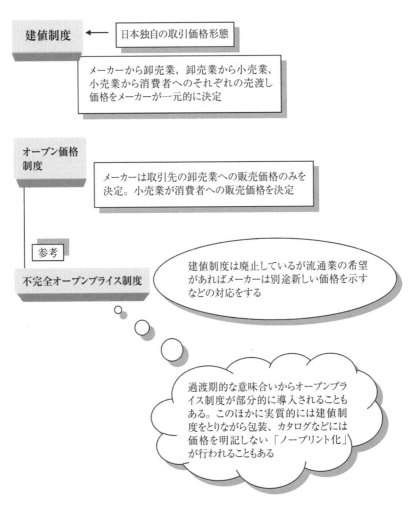

図 9-1：価格決定制度の種類

第10章

小売業の販売促進／広告・広報

サプライチェーンと広告・広報活動

　サプライチェーンと広告・広報活動の関係とはいかなるものであろうか。広報活動には調達、生産、流通、販売の各プレーヤーを結ぶコミュニケーションの活性化を図るという重要な役割がある。

　サプライチェーンの各プレーヤーに対してコミュニケーション活動が効果的かつ戦略的に展開することがきわめて重要になってきている。

小売業における広告・広報の役割

　広告には商品、サービス、アイデアなどに関する情報を取引先、消費者などに伝え、需要を喚起、促進するという機能がある。

　広告の最大の目的は商品に対する注意、関心を高め、その商品がほしいという気持ちを強めることにある。広告を見て「その商品ほしい」という気持ちが高まれば、購買意欲が出てくるからである。

　広告の媒体としては新聞、雑誌、ラジオ、テレビ、インターネット、あるいはダイレクトメールやポスターなどがある。

　さらに広告には企業や商品のイメージを高めるという効果もある。

　ただし、広告を行うにあたって、事実と異なることや取引先、消費者などを誤解させるような表現や方法などを用いることはできない。そこでこの点をふまえ、広告に対しては景品表示法、不法競争防止法などの公的規制や業界単位の自主規制が存在する。

　広告によって需要が刺激されれば、商品が大量に生産されたり、店頭に並べられたりするケースも出てくる。しかし、十分な需要予測などに

裏打ちされない過剰生産は過剰在庫、不良在庫の原因となる。「広告を
たくさん出し、流通量を増やせば、商品は自然に売れるはずだ」といっ
た考え方を単純に採用すると過剰在庫を招くリスクも大きいわけであ
る。過剰在庫の処理に商品のディスカウントを行えば、価格下落につな
がる。多くの広告を出し、商品の認知度を高めても収益増には結びつか
ないということになる。

　また、小売店などの売場の品ぞろえや品種・品目構成、商品陳列など
も商流を左右することになる。すなわちフロア構成、売場構成、陳列物
の量と位置などを戦略的に練ることで広告の効果も大きく変わってくる
のである。

コミュニケーション活動としての広告

　広告により、商品のマーケットへの普及や売上増大などが見込まれ
る。広告とは広告主の視点から見れば消費者と広告主を結ぶコミュニケ
ーション活動である。

　広報によるコミュニケーション活動により、まず、消費者に自社商品
を知ってもらい、さらに詳しく理解してもらうことになる。そしてその
うえで「このような商品ならばぜひほしい」という購買意欲を持っても
らうことになる。

需要喚起

　広告を行う場合、当初はその商品は消費者に知られていない。広告を
行うことによって消費者の需要を喚起しなければならない。ただし、
「広告を行うことでどのくらい需要を喚起することができるか」という
ことを予測する必要はある。

　たとえば、物流センターにおける出荷が、一見、理由もなく大きく伸
びることがある。季節の変わり目でもないのにあたかも流行が急に変化
したかのように出荷が伸びるのである。こうした場合、テレビ広告や新

聞広告で需要が大きく喚起されたことが動因となるというケースもある。したがって、本来ならば広告を打つ段階で広報部門、販売促進部門、物流部門が広告露出の情報を共有し、販売拡大に協力していく必要があるといえよう。

メディアへの広報活動

広報活動は企業などが消費者、顧客などと健全な関係を築くために行われる。

企業は広報活動により、自社の立場を代表し、諸問題の発生に対して調整を行うことになる。広告と広報の違いは、広告が市場開拓や市場拡大を目的に行われるコミュニケーション活動であるのに対して、広報活動は社会、消費者、顧客から理解、評価、信頼を得られるための活動である。

なお、広報活動の範囲は企業などの組織に関わる関係者、消費者、顧客、一般生活者、取引先、株主など多岐にわたる。広報誌の作成、発行、ニュースリリース、イベントなどの実施や主催・協賛、顧客相談窓口の運営などを幅広く行う。

見えない広告コスト・広報コスト

企業の広報関係者からよく耳にするのが「私たちの会社では広告費は全く使っていない」という言葉である。実際、広告コストは物流コストなどと異なり、企業の業種業態によっては「必要不可欠なもの」とはいえない性質のものである。「あらかじめ取引先が決まっている」「ルートセールスを行っている」「長年の付き合いでいまさら広告なんて不要」などという意見が大勢を占めることもある。しかし本当に広告コストはかかっていないのだろうか。そのようにいう企業でもホームページを制作したり、企業パンフレットを作ったり、求人募集をしたりしている。だがホームページやパンフレットの制作、求人募集は広告ではないと考

えている。しかし実際はこれらのコストは、本来は広告コストと見なされるべき、「隠れた広告コスト」と考えられる。

　ホームページでしっかり企業イメージが打ち出されていなかったり、企業戦略の構築を可視化させたりしなければ、新規顧客のみならず既存の重要顧客も離れていくことになる。

POINT 企業広報におけるロビイング活動 ▶▶▶▶▶

　欧米のさまざまな企業ではすでに企業広報についてのロビイング活動を積極的に展開し、サプライチェーンにおけるコミュニケーションをスムーズに進める動きが定着している。

　一例をあげると SCM 構築の起点企業ともいえるウォルマートは、以前は企業情報の開示に熱心ではなかった。しかし、SCM 展開における企業イメージの向上の重要性を意識し、世界的な広報企業であるエドルマン社と契約を結び、コーポレートイメージの刷新に力を入れるようになった。なかでも 2005 年にルイジアナ州とミシシッピー州に壊滅的な被害をもたらした「カトリーナハリケーン」の発生に際して救援物資を迅速に供給し、その一連の活動を積極的にメディアに公開したことで世間に対して「ウォルマートは救援活動に全力で取り組む社会貢献度の高い企業」と認知された。小売業において企業イメージを向上させることで売上の大幅な増加を実現することが可能であるわけだが、社会奉仕活動などを積極的に行うことは広報効果を考えるうえできわめて重要といえるわけである。

　また、世界を繰り返し揺るがしているエボラ出血熱の問題では特効薬不在といわれるなかで、日本の富士フィルムの持つインフルエンザワクチンが効果があるのではないかということで注目された。富士フィルムにとっては予想もしないようなかたちで自社の株が上がり、会社の取り組みが大きく見直される契機ともなった。もちろん、これは富士フィル

ムが意図的に行ったものではないが結果として、「企業の見られ方」が大きく変わることで企業価値にも大きな変化が生じることになった。そしてこうした世の中の動静に柔軟に対応することも広報の重要な活動といえる。

さらにいえば広報のロビイング活動では「企業の見られ方」の変換を、ある意味、意図的に行うようなアクセルをかけることもある。

また、従来、シャツ業界というのは、概念的に存在しなかった。ジーンズ業界、着物業界などは存在するが、シャツだけを取り上げ、それを業界として見なすという発想は消費者サイドにはなく、そのため、東京シャツ、鎌倉シャツなどのシャツメーカーは自社ブランドの位置付けに苦労していた。

そこで関連メディアにシャツ業界を認知させるロビイング活動が積極的に展開された。その結果、いまでは「シャツ業界」という括りがある程度、認知されるようになってきた。

広報のロビイング活動を展開することで、商品、サービス、企業イメージだけではなく、業界の位置付けもまた大きく変わってくるのである。

広報とリスクマネジメント

企業イメージを向上させるためにはさまざまな広報面からのロビイング活動が必要になってくる。企業は「このように見られたい」というイメージをベースにした基本情報をプレスリリース、メールマガジンなど活用して発信することが多い。たとえば日本コカ・コーラでは、全ての関係者がコカ・コーラの誇るさまざまなブランドの価値や魅力を正しく伝えるアンバサダーとしての役割を担っていることを認識し、ネット上での影響力にいかに対応していくか、ソーシャルメディアの利用に関する行動指針が作成されている。

コカ・コーラビジネスに携わる従業者は、① リーダーシップ、② コラボレーション、③ 誠実さ、④ アカウンタビリティ、⑤ 情熱、⑥ 多様

性、⑦品質について同社の価値観に準拠した行動をとることが求められている。

　また、近年のネット社会では「オネスティ性」（誠実さ）に重きが置かれている。不正直な情報や虚偽情報、あるいはそれらに関連した不正行為はネット社会に瞬時に広まってしまう。企業イメージがいくら重要といっても、虚偽で塗り固めたかたちで見られ方を変えようものならばネット社会での「大炎上」は避けられない。ネット社会の求めるオネスティ性を尊重するかたちで自社の見られ方をしっかりとした議論のもとに生成し、全関係者（＝全従業員）が一丸となって情報を発信していく努力が重要といえる。

演習問題

【設問1】
正しいものには「適」、そうでないものには「不適」を選びなさい。

問1：広報活動には調達、生産、流通、販売の各プレーヤーを結ぶコミュニケーションの活性化を図るという重要な役割がある。（適・不適）

問2：広告には商品、サービス、アイデアなどに関する情報を取引先、消費者などに伝え、供給を喚起、促進するという機能がある。
（適・不適）

問3：広告の最大の目的は商品に対する注意、関心を高め、その商品がほしいという気持ちを強めることにある。　　　　　（適・不適）

問4：広告の媒体としては新聞、雑誌、ラジオ、テレビ、インターネット、あるいはダイレクトメールやポスターなどがある。　（適・不適）

問5：広告には企業や商品のイメージを高めるという効果はない。
（適・不適）

問6：広告に対しては景品表示法、不法競争防止法などの公的規制や業界単位の自主規制が存在する。　　　　　　　　　　（適・不適）

問7：「広告を行うことでどのくらい需要を喚起することができるか」ということを予測する必要はある。　　　　　　　　　（適・不適）

問8：企業は広告を打つ段階で広報部門、販売促進部門、物流部門が広告露出の情報を共有し、販売拡大に協力していく必要がある

（適・不適）

問9：日本企業ではすでに企業広報についてのロビイング活動を積極的に展開し、サプライチェーンにおけるコミュニケーションをスムーズに進める動きが定着している。

（適・不適）

問10：近年のネット社会では「オネスティ性」にたいへんな重きが置かれている。

（適・不適）

コラム　パブリシティと販売促進

　パブリシティとはアイデア、商品、サービスなどを無料の媒体を用いて広報することでプレスリリース、PRメディアの作成、講演会、文化事業などがある。

　販売促進には対消費者向け販促と対取引先向け販促があり、前者には店頭でのポップ、ポイントカード、景品など、後者には展示会、ファッションショーなどがある。人的販売とはアイデア、商品、サービスの内容などを店頭スタッフやメーカーの営業担当者などが説明などをすることである。また、情報伝達機能が効果的に機能することで商品の生産者の情報が消費者に向かって流れ、同時に消費者の事情に関する情報は生産者に向かって移転していくことになる。こうしたビジネスにおける情報の双方向への移転を情報流という。

第11章

販売員管理

販売員管理

　店長などの店舗責任者は、販売計画を立案し、目標売上高などを設定し、販売員を指導、管理しなければならない。販売員管理には、販売員の活動実績管理、シフト管理、販売員教育などがあげられる。

活動実績管理

　店長などの店舗責任者は販売員に日報、販売計画表などを作成させて各販売員の販売活動について把握する必要がある。販売員ごとに販売目標額の設定、販売分析実績なども必要になってくる。あわせて各販売員の販売実績について、可能ならば顧客別、商品別にデータを整理、管理する必要もある。

シフト管理

　店舗において店長などの店舗責任者は、販売員のシフトについて日次、週次、月次の各レベルで管理する必要がある。

販売員の接客

　アパレルなどでは店舗の売上高が販売員の技量に左右されることが多い。販売員の技量には商品知識などに加え、接客マナーの良しあしも含まれる。

① 商品知識

アパレルなどの販売では販売員の商品知識が豊富であれば、セット率などが高くなり、客単価が向上する傾向がある。たとえば、カットソーの購入を決めた客に、ブラウスやカーディガン、スカート、さらにはアクセサリーなどのファッション小物を合わせて購入してもらうことで客単価は向上する。このように組み合わせて購入することでセット率も上がることになるが、商品知識が豊富な販売員はこのセット率が高いのである。販売員に必要な商品知識は、新製品や売れ筋商品、人気商品に関する知識に加え、定番物商品の基本的な知識や常識、上級者向けの専門的な知識など、さまざまである。たんなる商品の概要だけではなく、その商品の魅力、長所、短所などを顧客目線で説明できることが望ましい。販売経験を積み重ねていくことで増えてくる。

② 接客マナー

商品知識が豊富でも、接客マナーがよくなければ売上高は伸びないことも多い。「いらっしゃいませ」、「ありがとうございます」などの挨拶をしっかりとお辞儀をし、笑顔をもって接することで商品を気持ちよく買ってもらえるようになる。

③ 会話・話術

顧客にリラックスして商品を見てもらい、納得して購入してもらうためには、堅苦しくない雰囲気で顧客との会話を盛り上げることが効果を発揮することも多い。商品情報とは直接関係なくても顧客が興味を持ちそうな身近な話題で共感を得られれば商品購入の動機付けとなることも少なくない。

④ お辞儀

軽く親しみのあるアイコンタクトをしてから、相手のつま先あたりに視線を移し、上体を倒す。それから再度、頭を上げ、相手と目線を合わせます。頭だけをぺこりと下げたり、体は倒しても頭だけは上げて

いたりするのは正しいお辞儀とはいえない。お辞儀のコツは「お辞儀は頭でするのではなくお尻でする」といわれている。お尻を後ろに引くようにすることで上体を傾ける。

POINT 販売員コンプライアンス ▶▶▶▶▶

販売員コンプライアンスについては、大きな柱として販売員の「従業員満足・モラル」の問題、顧客情報管理の問題、クレーム処理の問題、そして従業員のハラスメント（いやがらせ）対応問題があげられる。

まず大前提として、販売員がコンプライアンスという語の意味を理解し、それを実践しようという心構えを持つ必要がある。コンプライアンスを意識した接客、話し合いなどがフランクな環境で行われているような店舗でなければならないのである。

販売員は法律、モラルを重んじ、「儲かるならば、お客を欺いても構わない」、「売れるためならば法に反することでも何でもする」といった考えを決して持ってはならない。また、公私混同を行ったり、意味もなく特定の顧客の便宜だけを図ることも避けなければならないケースも少なからず出てくるかもしれない。

また、顧客情報の管理についても細心の注意を要する。とくに近年はメールなどから顧客情報が大量に流出するケースもある。顧客データなどを自宅に持ち帰ることも禁じられているケースが多い。メールアドレスなどの個人情報は業務以外の目的に使ってはならないということもいうまでもないだろう。

紙ベースの情報でも顧客情報はシュレッダーにかけて速やかかつ適切に処理するようにしたい。いずれにせよ、顧客情報管理をしっかり行うことがコンプライアンス達成のためにも不可欠となっているのである。また、「商品にキズがあった」、「販売員の対応が悪い」、「返品を受け付けてほしい」などといった顧客からのクレームやリクエストにも丁寧か

つ迅速に対応する必要がある。

　ちなみにクレーム処理においては、クレームを寄せてきた相手に共感し、「誠に申し訳ありません」と頭を下げることが大切である。顧客のクレームに対して、反論をしたり、間違いを指摘したりするのは控えるようにしたい。

　深々と頭を下げてお詫びしたあと、顧客の言い分をじっくりと聞くようにしたい。クレームについてポイントを復唱したり、メモをとったり、相づちを打ったりすることも、こちらの対応の誠実さを相手に伝えるうえでプラスとなる。

　なお、クレームのなかには「まったく非がわからない」というものもあるだろう。心当たりがないのに相手が一方的に怒ってきたといったケースである。

　その場合、とにかく相手の話を丁寧に聞くようにしたい。そして相手が落ち着いてきた段階で説明、対応するようにする。

　どう考えても当方に非がないとしか思えない、あるいは実行不可能なクレームを受けた場合でもまずは聞き役に徹し、必要ならば上司と対応を代わるようにする。

　さらに販売員が顧客相手に差別的な言動をとったりすることも避けるようにしたい。無論、顧客に対してだけではなく、販売員どうし、店舗スタッフどうしでもたとえ上司と部下の関係にあってもハラスメントは絶対に避けなければならない。知らないうちに陥りがちなコンプライアンス違反を未然に防止するためにチェックリストを作成するのも一策である。

自己管理チェックリスト

　職場でのマナー、礼儀はきちんとしているか、職務をしっかり遂行しているかなど、販売員として必要な項目を選び出し、実際にそれを実践できているかどうかをチェックするリストを作成する。たんに諸項目を

チェックするだけではなく、日々の反省点なども記入できるようにするとよい。

参考　派遣販売員制度

　百貨店内のインショップ、平場、コーナーでアパレル商品の販売を行っているのは必ずしも百貨店の従業員というわけではない。というのは、アパレル企業が派遣している販売員が接客、販売しているというケースが多いからである。そしてこうしたアパレル企業が百貨店などの小売業の店頭に販売員を派遣する制度を派遣販売員制度という。「たとえ経費を負担しても接客、販売について実績給などを導入して、ファッション感覚に優れ自社ブランドに精通した販売員を送り込むことで委託仕入れ、消化仕入れなどの返品のリスクが常に伴う自社商品の販売を促進していきたい」というのがアパレル企業の思惑としてあるのだ。さらにいえば、販売員を送り込むことでアパレル企業は毎日の売上、利益、在庫など、店頭の諸状況をリアルタイムで把握することもできる。なお、百貨店の平場などの派遣販売員の場合、複数のアパレル企業が売上げの歩合で経費を負担するケースもある。

職場としての店舗の雰囲気

　たとえば「販売員どうしの私語が多い」「笑顔が少ない」「店内で仕事が多くあわただしい」といった雰囲気がお客にも伝わっては、質の高い販売サービスを提供することは難しくなる。現場のプロ意識を高めるためにもそうした状況とならないように工夫しなければならない。注意事項を確認し、お互いに声を掛け合い、職場の風通しをよくすることで、職場の雰囲気は明るくなる。そうすることで仕事に対するやりがいも増していく。

個人面談

　責任者である上司が正社員、パート、アルバイトの販売員と定期的に個別に面談を行い、職場での悩み、要望などに耳を傾けたり、長所を伸ばしたり、一緒に各自のビジネスキャリアについて考えたりすることは職場の団結につながる。個人面談を小まめに行い、内容などを充実させることでチームワークもよくなる。従業員はさまざまな悩み、疑問について共感してもらったり、適切な助言をもらったりすることでやる気や気力が出てくる。

演習問題

【個人情報保護法】

【設問 1】
正しいものには「適」、そうでないものには「不適」を選びなさい。

問 1：高度情報通信社会の進展に伴い個人情報の利用が著しく拡大していることに鑑み、個人情報の適正な取扱いに関し、基本理念及び政府による基本方針の作成その他の個人情報の保護に関する施策の基本となる事項を定め、国及び地方公共団体の責務等を明らかにする。

（適・不適）

問 2：「個人情報」とは、生存する個人に関する情報であって、当該情報に含まれる氏名、生年月日その他の記述等により特定の個人を識別することができるものを指す。

（適・不適）

問 3：個人情報保護法において「個人情報データベース等」とは、個人情報を含む情報の集合物であって、不特定の個人情報を電子計算機を用いて検索することができるように体系的に構成したものを指す。

（適・不適）

問 4：個人情報は、個人の人格尊重の理念の下に慎重に取り扱われるべきものであることにかんがみ、その適正な取扱いが図られなければならない。

（適・不適）

問 5：個人情報取扱事業者は、合併その他の事由により他の個人情報取扱事業者から事業を承継することに伴って個人情報を取得した場合は、あらかじめ本人の同意を得ないで、承継前における当該個人情報の利用目的の達成に必要な範囲を超えることがなくとも、当該個人情報を取り扱ってはならない。　　　　　　　　　　　　　（適・不適）

問 6：個人情報取扱事業者は、本人との間で契約を締結することに伴って契約書その他の書面に記載された当該本人の個人情報を取得する場合その他本人から直接書面に記載された当該本人の個人情報を取得する場合は、あらかじめ、本人に対し、その利用目的を明示しなければならない。　　　　　　　　　　　　　　　　　　　　　（適・不適）

問 7：個人情報取扱事業者は、人の生命、身体又は財産の保護のために必要がある場合であって、本人の同意を得ることが困難であるときでも、あらかじめ本人の同意を得ないで、個人データを第三者に提供してはならない。　　　　　　　　　　　　　　　　　　　　　　（適・不適）

第12章

小売業の情報管理

小売業の情報システム

商品コード

　小売業の情報管理を行うにあたって、商品を分類し、商品コードを定める必要がある。なお、商品の分類を行う目的は、販売実績の掌握、仕入計画・販売計画の作成、業務効率化、責任者・担当者の責任範囲の明確化、需要予測・販売予測などへの活用など、多岐にわたる。

POS（販売時点情報管理）システム

　商品別の売上げ情報、販売状況などを単品単位で掌握し、管理するシステムのことを指す。レジなどで個々の商品のバーコードを読み取り、品名、型名、販売個数、単価などを把握する。多くの小売店やコンビニ、スーパーマーケットなどで使われる流通業向けのシステムやレストラン、居酒屋などで導入されている外食業向けのシステムなどが存在する。

　流通業にとっては、レジ業務の省力化、在庫管理の効率化、受発注管理の合理化、売れ筋商品・死に筋商品などの迅速な把握、店舗内の商品陳列レイアウトの適正化、顧客管理の高度化など、導入には多くのメリットがある。外食業でも在庫管理の効率化、献立・調理管理の合理化、顧客稼働率の向上などの利点がある。また、食品メーカーなどもPOS情報を掌握することによって、生産計画の迅速な変更や新商品開発にあたっての綿密なマーケティング分析などが可能になる。

（p. 51演習問題設問1参照）

JAN コード

JIS 規格による商品識別のためのバーコードである。多くの商品に印刷、貼付などのかたちで取り付けられており、世界約 100 か国で同一の規格で使用されている共通の規格。日本の小売業界で POS システムを基点とする綿密な単品管理、顧客管理が発達した背景には JAN コードの普及があるといえる。

事例 1 コンビニエンスストア：物流戦略と POS システム ▶▶▶▶▶

コンビニエンスストアの物流システムはその出店戦略、店舗展開と密接な関係がある。

大手コンビニエンスストアの多くはドミナント戦略をもとに出店戦略、店舗展開を行っている。ドミナント戦略とは集中出店方式のことで、各チェーン店を一定区域内に集中して出店させる戦略である。

通常、商品は物流センターなどから店頭に届けられる。店舗と店舗の間隔が近ければ近いほど配送コストを削減することが可能となるという考えからである。しかもジャストインタイムで商品を決められた時間に補充する際にも店舗が隣接していれば、配送を正確に行うことができる。

大手コンビニの多くでは POS システムが高度に構築され、店頭情報が本部で統括管理されている。

コンビニで売られる弁当や惣菜の流通経路は毎日の多頻度小口輸送が大前提になる。

また卸売業を通さず、メーカーから直接、仕入れて、流通経路も可能なかぎりの短縮化、圧縮化を図っている。

惣菜メーカーや牛乳メーカー、加工食品メーカーなどのそれぞれの商品は毎日、共同配送センターに集められる。コンビニエンスストアの物流センターでは配送先の店舗にあわせて商品が振り分けられる。

　日用品業界は早期から物流システムの効率化に乗り出してきた。そしてその流れからサプライチェーンマネジメント (SCM) の導入にも比較的、スムーズに対応した。

　海外メーカーとしては、米国の大手日用品メーカー、P&G が米国流通業最大手のウォルマートとの密接な関係のもとに高度な SCM を構築したことが、よく知られている。

　日本企業も、花王やライオンの流通戦略は定評がる。日本でもアメリカの先行事例を参考に卸売業、小売業の情報共有化が進展してきた。

　たとえば、花王ではイオンの POS のデータが自社で参照可能となっている。棚割りと売上げのシミュレーションも可能である。イオンの発注指示と花王の納品指示が食い違うことはゼロとなるように努めている。

　さらにいえば、花王では電子データ交換 (EDI) の推進により「ノー検品化」も実現されている。配送の時間などは大幅に短縮され、配送効率も大きくアップしている。

　日用品業界ではメーカーと卸売業との情報共有も進展し、付加価値通信網 (VAN) による連携も強化されている。メーカーと卸、さらには小売業を加えての情報共有をより徹底させることによって、緻密な需要予測をベースにした生産計画、販売計画が立てられている。

　ただし、日本の場合、課題もある日用品業界は歴史も長いため、日本式の複雑な商慣行が存在し、それが SCM の推進に際しての障壁ともなっている。また、業界を支えてきた優秀な企業でも資金力不足などから SCM 導入が遅れている企業もある。しかし SCM 武装に遅れた企業が、業界全体の変革への流れに取り残される可能性も出てくるわけである。

　さらに近年はオムニチャネルへの適応においても物流が大きなカギを握っている。

オムニチャネルとはリアル店舗、バーチャル店舗を問わずあらゆる流通チャネルを統合し、どのチャネルからも商品を購入できるようにするというシステムである。リアル、バーチャルの流通チャネルの垣根を取り払い、ネットショップ環境とリアル店舗環境の双方を結びつける横断型の新流通チャネルを構築していくというわけである。もちろんその流れの中で商品情報、顧客情報、販売情報などもバーチャルとリアルのすべてのチャネルで共有していく。

オムニチャネルでは単純に店舗で商品を購入するというのではなく、実店舗で商品を見ながらネットで注文するといったこともしきりに行われる。もちろんネットでチェックした商品を実店舗で購入するという逆のパターンも可能である。

ただし、バーチャルな環境とリアル環境の融合が進めば、物流はより複雑になるかもしれない。在庫管理や配送計画についてもこれまで以上に緻密さが求められるようになる可能性が大きい。

しっかりとした情報基盤ネットワークが構築されていなければ物流ネットワークも十分に機能しない恐れもある。

したがってたとえば日用品業界の情報基盤ネットワーク企業であるプラネット社や流通 BMS（流通システム開発センター）、JTRN（物流EDI基準）などをいかに効率的に物流ネットワークにリンクさせていくかが大きな課題となっているともいえるのである。

　近年、軍事関係の「無人化」が急速に進んでいる。無人ミサイル、無人戦車、無人迎撃システムなどにより戦争における省人化が進められてきている。

　無人ヘリコプターや無人飛行機は自らの判断で航路を決めるし、無人警備システムでは敵か味方かを人間ではなく、コンピュータが判断して必要ならば、射撃などの防衛手段を講じることができる。

　そして、ここにきてビジネスでも無人化が大きなトレンドとなりつつある。

　ネット通販の配送などでは、無人飛行機で宅配便などの輸配送を行うことも不可能ではなくなってきた。

「受発注処理、在庫レベルの管理、共有すべき情報の提供、生産計画、さらには工場、物流センター、店舗などのオペレーションをコンピュータが判断し、無人化された関連機器、什器などにより作業が行われる」という状況が近未来に相当な確率で実現するとも考えられるのである。

　これまで、省人化の流れの中で多くのオペレーションは手作業から機械作業にシフトするかたちで自動化が行われてきた。RFID（非接触タグ）の導入などもその流れのなかにある。

　TSUTAYA店舗「代官山 蔦屋書店」では主要商品にUHF帯RFIDタグを装着している。RFIDを読み取ることにより、レジの自動化を実現することに成功した。また物流の分野でも物流機器レンタル・販売大手のユーピーアールは、物流パレットにアクティブタグを取り付けるスマートパレットをNTTと共同開発した。

　しかもこうした流れは加速し、トレンドはさらに自動化から無人へとシフトしつつある。たとえば店舗における「考える人型ロボットによる販売システムの構築」といった話が高い現実性を帯びてきているというわけである。

　実際、実際、近年の人工知能の進化は目を見張るものがある。

　たとえば、インターネットなどで行える自動翻訳なども以前は「誤

訳」が目についたものの最近は「翻訳家も顔負け」の訳出を行って専門家をもうならせている。

　しかしどうしてそのように人工知能が劇的に進化したのだろうか。

　その大きな理由はアルゴリズムの高度化にある。

　これまでの無人化とか高度なアルゴリズムによる人工知能の進化といった考え方がピンと来ない人には、身近な事例として将棋などの屋内のアナログゲームを考えてみるとよい。

　チェスも1997年に当時チェスの世界チャンピオンだった、ガルリ・カスパロフがディープブルーというコンピュータに敗れて以来、人間に勝ち目がなくなった。それでも日本の将棋だけはかろうじてプロ棋士がコンピュータに勝ち越してきたが、それも最近は雲行きが怪しくなっている。将棋の電王戦では相次いで一線級のプロ棋士がコンピュータに敗れている。そしてその大きな理由となっているのが将棋におけるアルゴリズムの改良といわれている。

　そしてこれがビジネスの世界にも応用されようとしているのである。たとえば、ネット上で販売履歴、購入履歴をもとに消費者に次に買うべき商品を提案するといったシステムは将棋のアルゴリズムと大きな共通点があるということになるのである。

演習問題

【特定商取引法】

【設問1】

正しいものには「適」、そうでないものには「不適」を選びなさい。

問1：事業者が新聞、雑誌、インターネット等で広告し、郵便、電話等
の通信手段により申込みを受ける取引で（電話勧誘販売」に該当する
ものを除く）を通信販売というが特定商取引法の対象とはならない。

（適・不適）

問2：高度情報通信社会の進展に伴い個人情報の利用が著しく拡大して
いることに鑑み、個人情報の適正な取扱いに関し、基本理念及び政府
による基本方針の作成その他の個人情報の保護に関する施策の基本と
なる事項を定め、国及び地方公共団体の責務等を明らかにする。

（適・不適）

問3：販売業者又は役務提供事業者は、訪問販売をしようとするときは、
その勧誘に先立つて、その相手方に対し、販売業者又は役務提供事業
者の氏名又は名称、売買契約又は役務提供契約の締結について勧誘を
する目的である旨及び当該勧誘に係る商品若しく は権利又は役務の
種類を明らかにしなければならない。 （適・不適）

問4：販売業者又は役務提供事業者は、訪問販売に係る売買契約又は役
務提供契約の締結について勧誘をするためのものであることを告げず
に営業所等以外の場所において呼び止めて同行させることその他政令

で定める方法により誘引した者に対し、公衆の出入りする場所以外の場所において、当該売買契約又は当該役務提供契約の締結について勧誘をしてはならない。 　　　　　　　　　　　　　　　　（適・不適）

問5：販売業者又は役務提供事業者は、次に掲げる場合を除き、通信販売をする場合の商品若しくは指定権利の販売条件又は役務の提供条件について、その相手方となる者の承諾を得ないで電子メール広告をしてはならない。 　　　　　　　　　　　　　　　　（適・不適）

第 13 章

小売業の業態研究　1
百貨店、スーパーマーケット、コンビニのしくみ

百貨店のしくみ

　日本で最初の百貨店は三越の前身である「越後屋呉服店」(1673 年創業) といわれている。しかし、近代的な百貨店が誕生したのは明治時代になってからのことである。ちなみに欧米では百貨店は当初、安売り店としてスタートした。しかし、その後、高級品を販売するようになった。

　百貨店ではすべての商品に値札がついた。そして身分や性別に関係なく、商品を購入することが可能な「正札販売方式」が採用された。百貨店は多品目を扱いながらも高級感のある品ぞろえ、マーチャンダイジングを行っています。スーパーや専門店、量販店にくらべて価格は高いものの高級感のある商品を販売する。

　また売場については、たとえば「紳士服売場」、「婦人服売場」といったように同類の商品を集め、売場、部門ごとの管理を行う。売場では委託販売制度が導入され、「仕入先のメーカーに商品の所有権があるものの、売れた分だけの収入が百貨店に入る」というシステムが主として採用されている。売場の店員の多くが商品知識の豊富なメーカーから派遣された社員というケースが多い。

　担当者が顧客のもとに出向き、高級品を販売する「外商制度」も採用されている。

　以上をまとめると、日本の百貨店の特徴としては、つぎの点があげられる。

① 高級イメージの堅持

② 売場の部門別管理

③ 委託販売制度の採用

④ 外商制度の採用

⑤ メーカーからの社員の積極活用

　ただし、小売形態の多様化、進化で百貨店に行かなくても高級品の購入が容易になった。そうした状況のなかで新しいビジネスモデルの構築を求められてもいる。

用語解説：外商

　百貨店の販売方式の一つで営業担当者が顧客のもとに出向いて販売すること。企業などの中元、歳暮などの大口購入を対象とする法人外商と所得や購入頻度の高い優良顧客を対象とする家庭外商がある。

スーパーマーケット

　スーパーと百貨店のもっとも異なる点は、その売場のほとんどでセルフサービス方式が行われているということである。百貨店が接客に重きを置いて高級品を販売するのに対して、スーパーはセルフサービス方式で安価な商品を販売する。店員の多くはアルバイト、パートで、売場で接客するのではなく、ほとんどがレジにいることになる。そして百貨店では扱わない日用雑貨や生鮮食料品などの毎日必要とされる商品が低価格で店頭に並んでいる。

　多くの百貨店は大都市の中心部などの第一等地や繁華街などに建てられるがスーパーの多くは自動車でしか買い物に行けないような郊外にも進出している。ほとんどの百貨店は単店舗展開だが、大手スーパーの多くはチェーンストア方式で多店舗展開されている。仕入れは本部集中の体制がとられ、全店同　の品ぞろえが行われる。

総合スーパーと専門スーパー

　スーパーには「総合スーパー」（GMS：ジェネラル・マーチャンダイズ・ストア）と「専門スーパー」がある。総合スーパーとは衣食住について広範に商品が取りそろえられているスーパーのことをいう。1店舗あたりの売場面積が3000㎡以上（東京都23特別区と政令指定都市は6000㎡以上）を大型総合スーパーとよんでいる。

　専門スーパーとは、衣料品、食料品、住関連など、特定分野に商品を絞ったスーパーのことである。ただし、特化した商品の比率が百％ではなく、70％を超えれば、それぞれ「食料品スーパー」、「衣料品スーパー」、「住関連スーパー」などとよばれる。

　ちなみに米国では世界最大のスーパーであるウォルマートなどの超巨大スーパーのことを「スーパーセンター」とよんでいる。また欧州では欧州最大のスーパーであるカルフールなどのことを「ハイパーマーケット」ともいう。

コンビニエンスストアのしくみ

　コンビニエンスストア（コンビニ）とは、以下の条件を満たす小売業といえる。

① 小商圏の小規模な店舗において生活必需品を幅広くそろえている

② 24時間営業かそれに準じる長時間営業

③ セルフサービス方式、チェーンストア方式を採用

④ ただし積極的なディスカウントは行わない

　さらにいえば、大手コンビニの多くはドミナント戦略をもとに出店戦略、店舗展開を行っている。

　ドミナント戦略とは集中出店方式のことで、各チェーン店を一定区域内に集中して出店させる。通常、商品は物流センターなどから店頭に届けられる。したがって店舗と店舗の間隔が近ければ近いほど輸送コストを削減することが可能となる。しかもジャストインタイムで商品を決め

られた時間に補充する際にも店舗が隣接していれば、配送を正確に行うことができる。

また、大手コンビニの多くでは POS（販売時点情報管理）システムなどが高度に構築され、店頭情報が本部で統括管理されている。在庫回転率の向上が経営戦略の中軸にすえられている。需要予測、販売予測に基づいた自主商品なども開発されている。

さらに公共料金などの支払い、各種チケットなどの購入、宅配便サービス、ATM サービスなどを消費者に 24 時間年中無休で提供している。

大店法などの規制で大型小売店の出店が制限されるなどの背景もあり、日本ではコンビニが欧米以上に普及してきた。加えて、多くの買い置きを必要としない都市型の生活や単身者や夫婦共働きの増加などの社会状況もコンビニの躍進、普及の追い風となった。

しかし近年は、ドラッグストアやミニスーパーなどの登場に押され、売上高も伸び悩み、コンビニ業界全体が大きな岐路に立っているともいえる。

ディスカウントストアのしくみ

ディスカウントストアは、独自の品質保証制度やアフターサービスの充実、特定メーカーにとらわれない品ぞろえなどを行っている。

ディスカウントストアの種類としては、専門ディスカウントストア、アウトレットストア、パワーセンター、ホールセールクラブ、ホームセンター、ドラッグストア、100 円ショップなどがある。衣食住にわたり、幅広く安価で日用品を販売する。

またアウトレットストアにはリテールアウトレットとファクトリーアウトレットがある。ファクトリーアウトレットとは、小売店の過剰在庫、返品商品、軽微な傷物などをメーカーが別会社を設立、経由させて低価格で販売するものである。

リテールアウトレットとは、百貨店や専門店がプライベートブランド

商品を在庫一掃などの目的でセール販売することを指す。

演習問題

問1：百貨店の特徴を踏まえて、現状と課題を400字程度でまとめよ。

問2：スーパーマーケットの特徴を踏まえ、現状と課題を400字程度でまとめよ。

問3：コンビニの特徴を踏まえ、現状と課題を400字程度でまとめよ。

問4：家電量販店の特徴を踏まえ、現状と課題を400字程度でまとめよ。

第14章

小売業の業態研究　2

ネット通販

ネット通販ビジネスの拡大

　ネット通販による売り上げの拡大傾向をにらんで、「これまで販売を行っていた実店舗を閉めて、ネットショップに専念する」という企業が増加し続けている。しかしそのために実店舗数は減少の一途をたどっている。商店街のみならず郊外の大型量販店などもネット通販の影響を受け、売上高を減らしてきている。有名百貨店の売上高が大きく落ち込んできているのもネット通販の影響と考えられている。

　ただしネット通販ならばすべてが好調というわけではなく、ネット通販においても勝ち組、負け組の差が激しくなり始めている。巨大ショッピングサイトなどに出店するネットショップの多くは小規模で売上高が伸びずに苦しんでいる。

　他方、勝ち組企業の売上高は加速度的に伸長している。

　たとえば、ネット書店から始まり、日用品や高級品、電気製品やアパレルなどを幅広く販売するアマゾンドットコムは勝ち組の代表例である。

　アパレルではファッション EC サイトの ZOZOTOWN を運営するスタートトゥデイが他のファッション EC サイトを圧倒するような成長を見せている。

　ネット通販の商圏は複数の大都市圏に地方都市群を加えるほどの規模になることもある。全国津々浦々に購買者を抱えることになる。そして差別化されたオンリーワン商品を抱えていたり、消費者にとって便利なシステムを持ち合わせたりしていれば、売上げも爆発的に増えることに

なるのである。

ネット通販ビジネスモデルの概要

　ネット通販の大きな特徴は実在庫を持たなくてもネット上で紹介する
のみのバーチャル在庫をサイト訪問者に見せることができるということ
である。

　訪問者は、ネット通販サイトのバーチャル在庫を見て、購入したい商
品を選ぶ。実際の在庫は大都市圏近郊などに設けられている物流センタ
ーにある。なお、購入処理についてはネット上で済ますことができる。

　購入した商品は物流センターから翌日、翌々日などに購入者宅に配送
されることになる。

　なお、配送料については「無料」とされるサービスが普及している。
ただし、配送料は本当に無料になるわけではなく、実際はネット通販側
がその分を負担している。正しくはネット通販サイドの「送料負担」で
ある。そのため、トラック運送業界などからは「配送料無料、送料無料
は運送業界の立場を考えない言い方であり、改めてほしい」という要望
の声が大きくなっている。また、地球環境対策の視点から購入者宅への
配送に際して用いられた段ボールなどの梱包材を後日回収している企業
もある。

　「24時間いつでも好きな時間に商品を購入できる」「わざわざ買物に
行かなくても商品を届けてくれる」「豊富な品ぞろえのなかからほしい
商品をすばやく選ぶことができる」といったことがネット通販の長所と
いえる。

　反面、「クレジットカード決済のために買いすぎてしまった」「買物に
行くのが億劫になり、家に引きこもってばかりいるようになってしまっ
た」といったネット依存症の人々も増え始めている。

　ネット通販の便利さをいかに活用し、ライフバランスなどをいかに整
えていくかということも今後の大きな課題ともいえる。

ダークストアの活用

ネット通販の発達で「ダークストア」とよばれる配送拠点が登場した。

ダークストアとは都市型の特殊な物流センターでネット専用店舗型配送デポ（拠点）である。大消費地向けの店舗配送型のネット通販向けの在庫拠点で、原則的に一般消費者はダークストアで商品を購入することはできない。

ただし、ダークストアは有人で専任スタッフが在庫管理・出荷などの業務を行っている。

また、在庫エリアは小売店の商品陳列エリアと類似したレイアウトがとられている。さらにダークストアからの配送は多頻度小口で、たとえば2時間毎などの便で行われ、不在時は持ち帰り、ダークストアで保管されるようになっている。

ダークストアの発祥の地はイギリスである。イギリス最大手のスーパーマーケットのテスコではダークストアを導入し、その売上高を大きく伸ばしている。ダークストアではネット専用の配送デポで注文者は最寄のダークストアの店頭在庫から専門作業者がピッキングを行い、スキャン検品を経て、重量確認で誤出荷を防ぐといった工夫が施されている。

ダークストアは物流センターと同じ機能を持つが、店舗からコンバートしたものが多いため、内部は店舗のように商品棚や売場があり、作業者は販売員などのキャリアを生かしたかたちでピッキング、配送業務に当たることが可能となっている。また情報システムも物流独自のシステムではなく、小売業向けの情報システムで対応できる。

さらにはドライブスルー型の「クリックアンドコレクト」型ダークストアや通常の店舗にネット対応の配送機能を備えたハイブリッド型も出店されている。

わが国でもたとえば、セブン＆アイ・ホールディングスがダークストアの稼働を開始、商品梱包コストの大幅削減や都市部への配送効率向上などを目指している。

ネットスーパー

　インターネットビジネスの草創期、すなわち1990年の中ごろにおいて、はやくもインターネットを介してのスーパー（ネットスーパー）が登場している。ただしインターネット草創期においてはネットスーパーというビジネスモデル自体が試行錯誤の段階で、当初から大きな成功を収めることはできなかった。

　インターネット草創期の典型的なネットスーパーとしては米国のウエブバン社があげられる。ウエブバン社はオンラインを唯一の販路としたスーパーマーケットとして1996年に設立された。インターネット上のバーチャル部門を充実させるだけに留まらず、在庫管理や物流にも力を入れ、全米各地に最新式の自動化倉庫を建設し、最新鋭の仕分け機なども導入した。しかしナスダック上場を果たしたものの、創業以来、一度も利益を上げることなく、倒産した。

　同社は受発注業務の合理化・省力化には成功したが、配達と代金受取に関連するコストが削減できなかった。リアル店舗には存在しない配送・配達コスト、代金決済コストが致命傷となった。

　しかしその後、次世代ネットスーパーがビジネスモデルを改善していく。たとえば、英国の大手スーパー「テスコ」はオンラインを販路とする一方で世界各地で」リアル店舗を展開、業績を伸ばした。バーチャル展開のオンライン受注とリアル展開の既存の店舗・配送網を融合させていった。

　さらにアマゾンドットコムもネットスーパー事業に参入した。

　20年以上の歳月を経て、ネットスーパーというビジネスモデルが確立されてきたわけである。

演習問題

問1：ネット通販の特徴を踏まえて、現状と課題を800字程度でまとめよ。

第 15 章

卸売業の業態研究

卸売業の機能

　メーカーなどから商品を仕入れて、小売業に販売するというのが、卸売業である。卸売業には、集荷分散、在庫調整、物流、金融負担・リスク負担という「4大機能」がある。

　卸売業はさまざまなメーカーなどから商品を仕入れる。これを「集荷機能」とよんでいる。ただし卸売業はたんに商品を集めるだけでなく仕分けした商品を小売業に販売する。この機能を「分散機能」という。つまりメーカーから卸売業を介して小売業に流れるこの一連のプロセスにおいて、卸売業には集荷分散機能があるのである。

　メーカーから小売業への物流プロセスについても輸配送、保管などにおいて物流センターの運営などもふくめて中心的な役割を演じることになる。同時に小売業が必要なときに必要な商品を供給するという在庫調整の機能も有す。

　さらにいえばメーカーなどから小売業へのモノの流れだけでなく、カネの流れについても中間媒体としての機能を発揮する。メーカーなどから仕入れられた商品は卸売業によって代金が立て替えられ、小売業からの注文にあわせて集金が行われることになるからである。ただし卸売業がメーカーから仕入れし過ぎてしまえば、小売業は商品を購入しないというケースも出てくる。つまり少なからず在庫リスクも負わなければならないのである。

　しかもメーカーから小売業にわたる段階で万が一、火災や盗難などが発生して商品が損失、紛失した場合には、そのリスクも負わなければな

らない。

　また、卸売業には小売業の情報とメーカーの情報が集結することにもなる。消費者と生産者の発想や需要のズレについて詳細に知ることもできるわけである。メーカーも小売業も卸売業の情報からマーケットや消費者の動向を分析し、生かしていくことができるのである。

事例研究 **花王の販社制度** ▶▶▶▶▶

　メーカー主導の流通系列化の代表的なものとして「販売会社（販社）制度」があげられる。販社とは「完全にある会社の系列化に置かれた中間業者」のことである。当初から企業の100パーセント出資により設立されることもある。

　販社制度は、花王、資生堂、パナソニックなどで採用され、日本のメーカー流通を考える上では不可欠な制度となってきた。

　なかでも花王はその典型的なケースといわれている。

　多くの日用品メーカーは、卸売業を通して小売店と取引している。しかし花王は販社制度を採用した。販社を通して商品を小売業に卸すのである。

　最初に花王の販社ができたのは、1966年のことである。以後、花王と取引のある日用品卸売業者どうしが出資するかたちで全国に多数の花王製品専門の販社が設立された。

　しかし、販社が分散化していては、ドラッグストアや専門量販店、ホームセンターなどの躍進に象徴される多様化する小売業態の動静に対応していけないと花王は考え始めた。そこで1999年、花王は販社の大統合を遂行し、日本全国で1社のみの販社「花王販売株式会社」を流通チャンネルの中核に据えることにした。同時に小売店の支援にも積極的に取り組むようになったのである。さらに2018年1月にはグループ会社のカネボウ化粧品と販売部門を統合した。販売機能のさらなる強化を進

めている。

IT 武装を進める卸売業

　B2B（ビジネス・トゥ・ビジネス：企業間電子商取引）に特化し、大きな取引を扱うネット取引市場も発達した。「インターネットを介しての問屋街」（ネット問屋街）なども相次いで誕生した。

　同時に大手卸売業のなかにはIT武装を徹底させることによって、「流通中抜きの時代」における生き残りを図ろうという動きが出てきた。

　一例をあげると、食品卸売業大手の国分グループは、コスト削減を念頭に同業の卸売業やメーカーや小売業と連携を図りながら、卸売業界全体での商品情報データサービスの共有化などに取り組んでいる。同社は一般加工食品と酒類および生活関連商品などを小売業、外食産業、卸売業等に販売している。

　また食品卸業界などではITを駆使しての需要予測システムの活用も広がっている。たとえば、需要予測システムが取扱商品ごとに小売業からの過去2、3年の受注実績をふまえて、1か月分ほどの最適発注量を予測するといったものが導入されている。在庫金額の上位90％に相当するという「定番商品」と一部特売商品を自動補充するのである。

　食品卸業界では需要予測システムを導入することで小売業から商品の注文を受けた時点での欠品率を下げられるという期待が高い。スーパーなどとのコラボレーションをこれまで以上に緻密化、効率化するうえで計り知れないプラス材料となると考えられている。

　インターネットの普及で卸売業は「流通の中抜き」という逆風に直面している。けれども、IT武装による商品管理、在庫管理、物流管理などの充実で自社の業務にこれまで以上の付加価値をつけようとしているわけである。

　卸売業は生産と消費の需給結合の一翼を担うものである。そして日本の卸売業は商業統計によれば、1991年が最高で47万店で売上げが570兆円に達した。しかし、これをピークとして以後は店数、売上げともに減少傾向にある。

　卸売業が市場規模を縮小しつつある大きな理由としては、以下のことがあげられる。

① 大手小売業がメーカーと直接取引きをし、「流通の中抜き」が進んでいる

② 二次卸が大幅に減少している

③ インターネットの普及

④ 小規模な小売業が減少し、それに伴い中堅以下の卸売業が売り先を失った

　これまでは生産者から消費者に商品が渡る過程で、卸売業者の仲介が不可欠であった。しかし、卸売業を経由するあいだにかかる流通コストはかなりのものとなっていた。また同じ商品があちこちの倉庫に散在し、それが過剰在庫の遠因となるケースも見受けられた。在庫情報が体系的に統合されていないということも多々あった。

　こうした状況を避けるために、長年、卸売システムの効率化が指摘されてきた。けれども日本的な商習慣とも密接につながり、なかなか流通システムの改革には着手できなかった。大手卸売業がIT武装を進める一方で、負け組企業も増えている。IT武装、SCM武装に取り残された中小卸売業者の倒産、事業撤退も相次いでいる。また大手卸の系列に吸収、統合されるケースも多々、見られる。さらにいえば、これまでのような「生産者起点型」から「消費者起点型」に卸売業のビジネスモデルを組み替えるべき時代にもなっている。

メーカーと小売業・卸売業の関係

　メーカーが生産を行い、出来上がった商品は卸売業を通して、小売の店頭に並ぶ。メーカーはたんにモノを生産するだけでは収益を得ることができない。小売の店頭で商品が売れてはじめて利益を確保することができるのである。

　したがってメーカーはたんに生産するだけでなく、「いかに商品を売れるようにするか」というしくみ作りもしなければならない。そこで卸売業や小売業を組織化し、販社制度の導入などを図ったわけである。多くの企業が他のメーカーの商品も扱う併売卸店ではなく、自社の商品のみを扱う専売卸を増やすように努めた。多くのメーカーは小売段階までの系列化も促進した。店内改装、宣伝広告費などのサポートも行った。

　しかし平成不況以降、さまざまなメーカーは相次いで組織のスリム化を求められるようになった。卸売業や小売業の流通系列化を重荷と感じる企業も増えてきた。さらにいえば系列の販社が経営コンサルタントを招き、系列の小売店のために顧客開拓のノウハウなどの講習を行うこともある。製造、販社、小売店が一体となり、専売ネットワークの高度化を図ろうというわけである。

　他方欧米では、GAFA（ガーファ：Google, Amazon, Facebook, Apple）などの主要IT企業が流通でも存在感を強めている。そしてこの流れは日本でも大きくなりつつある。流通の主役がメーカーからネット通販企業などに変わろうとしているのである。

　実際、「メーカー希望小売価格」が撤廃され、「オープン価格」が導入されているのは、メーカーのマーケットに対する支配力が低下していることを意味している。強力な「バイイングパワー」（仕入れ力）を持つ巨大流通企業が消費者動向に大きな影響を与える時代が到来しているのである。

用語解説：メーカー希望小売価格

　標準小売価格ともいう。メーカーが小売業に希望する小売価格のことで、消費者の商品購入の際の選択の基準とされてきた。

用語解説：オープン価格

　価格をマーケットの実勢に合わせ、メーカーではなく小売業が販売価格を設定する。メーカーは卸値だけを決めて、卸売業や小売業に商品を販売するが、小売価格については拘束しない。

問1：卸売業の特徴を踏まえて、現状と課題を400字程度でまとめよ。

問2：卸売業の今後の戦略とその展望について、400字程度でまとめよ。

あ行

1. 「悪銭みにつかず」 Bad Money does not stay with one long.
2. 「雨降って地固まる」 The ground becomes firm after rain.
3. 「生き馬の目を抜く」 Water sleeps, the enemy wakes.
4. 「以心伝心」 Heart speaks to heart.
5. 「急がば回れ」 When in a hurry, take a detour.
6. 「いつまでもあると思うな、親と金」 Don't think parents and money are forever.
7. 「思い立ったが吉日」 There is no time like the present.

か行

8. 「学問に近道なし」 There is no royal road to learning.
9. 「我田引水」 Every miller draws the water to his own mill.
10. 「聞くは一時の恥、聞かぬは一生の恥」 It is no shame for a man to learn that which he knoweth not, whatever be his age.
11. 「今日の一針、明日の十針」 A stitch in time saves nine.
12. 「芸は身を助く」 Art brings bread.
13. 「光陰矢の如し」 Times flies like an arrow.
14. 「好機逸すべからず」 Make hay while the sun shines
15. 「後悔先に立たず」 Repentance never comes first.
16. 「転ばぬ先の杖」 Prevention is better than cure.

さ行

17. 「三人よれば文殊の知恵」 Two heads are better than one.
18. 「猿も木から落ちる」 Homer sometimes nods.
19. 「親しき中にも礼儀あり」 Good manners even between good friends.

20. 「失敗は成功のもと」 Failures teach success.

21. 「朱に交われば赤くなる」 A rotten sheep infects the whole flock.

22. 「手段は宝」（念には念を入れよ） Measure is a treasure.

23. 「正直は割に合う」 Honesty is the best policy.

24. 「好きこそものの上手なれ」 What one likes, one will do well.

25. 「急いてはことを仕損じる」 Haste makes waste.

26. 「世間は狭い」 It's a small world.

た行

27. 「ただほど高いものはない」 There's no such thing as a free lunch.

28. 「団結は力なり」 Many straws may bind an elephant.

29. 「適材適所」 The right lumber in the right place.

30. 「鉄は熱いうちに打て」 Strike while the iron is hot.

31. 「灯台下暗し」 It is dark at the foot of the candle.

32. 「時は金なり」 Time is money.

な行

33. 「生兵法は怪我のもと」 A little learning (or knowledge) is a dangerous thing.

34. 「逃げ道はたくさんあるのがよい」 The mouse that has but one hole is quickly taken.

35. 「寝耳に水」 A bolt from the blue.

36. 「念力岩をも通す」 Where there is a will, there is a way.

37. 「念には念を入れよ」 Measure thrice before you cut once.

は行

38. 「莫大な持参金はイバラに満ちた寝床をつくる」（富める妻はけんかの種） A great dower is a bed full of brambles.

39. 「始めが大事」 Good beginning makes good ending.

40. 「早起きは三文の得」 It is the early bird that catches the worm.

ま行
41. 「目前の利に眼が眩んで将来を犠牲にするなかれ」 Don't kill the goose that lays the golden eggs.

や行
42. 「焼け石に水」 All is lost that is put in a riven dish.
43. 「病は気から」 An illness comes from the mind.
44. 「言うは易く、行うは難し」 Easy to say, hard to do.
45. 「雄弁は銀、沈黙は金」 Speech is silver, silence is golden.

46. 「よい商いは二度思案」 On a good bargain think twice.
47. 「寄らば大樹の陰」 Better be the tail of lions than the head of foxes.

ら・わ行
48. 「論より証拠」 Proof rather than argument.

49. 「若さは半ば勝利なり」 Youth is half the battle.
50. 「我が家に勝るところなし」 Every bird likes its own nest best.

著者紹介

鈴木　邦成 (すずき　くにのり)　　日本大学生産工学部教授
　（第1章〜5章、第7章〜10章、第12章〜15章、全体監修）

若林　敬造 (わかばやし　けいぞう)　日本大学名誉教授
　（第6章、第11章、全体監修）

販売士検定・実務に役立つ

販売流通管理の体系　　　[検印廃止]

2018年4月5日 初版発行　　2024年9月5日 第3刷

著 編 者	鈴 木 邦 成
	若 林 敬 造
発 行 者	丸 小 雅 臣
組 版 所	ほ ん の し ろ
表紙デザイン	ほ ん の し ろ
印 刷・製 本	平 河 工 業 社

〒162-0065　東京都新宿区住吉町 8-9

発行所　**開文社出版株式会社**

TEL 03-3358-6288　FAX 03-3358-6287

URL https://www.kaibunsha.co.jp/

ISBN 978-4-87571-767-6　C0063

※ 落丁・乱丁はお取り替えいたします。

※ 英光社出版物である本書籍は、2024 年より開文社出版にて販売をしております。